CÓDIGO OCULTO

Política criminal, processo de racialização
e obstáculos à cidadania da população
negra no Brasil

CONTRACORRENTE

TAMIRES GOMES SAMPAIO

CÓDIGO OCULTO
Política criminal, processo de racialização e obstáculos à cidadania da população negra no Brasil

São Paulo

2020

CONTRACORRENTE

Copyright © EDITORA CONTRACORRENTE

Rua Dr. Cândido Espinheira, 560 | 3º andar
São Paulo – SP – Brasil | CEP 05004 000
www.loja-editoracontracorrente.com.br
contato@editoracontracorrente.com.br
www.editoracontracorrente.blog

Editores

Camila Almeida Janela Valim
Gustavo Marinho de Carvalho
Rafael Valim

Equipe editorial

Coordenação de projeto: Juliana Daglio
Revisão: Douglas Magalhães
Diagramação: Denise Dearo
Capa: Maikon Nery

Equipe de apoio

Alice Lopes
Carla Vasconcelos
Fernando Pereira
Regina Gomes

Dados Internacionais de Catalogação na Publicação (CIP)
(Ficha Catalográfica elaborada pela Editora Contracorrente)

S192   SAMPAIO, Tamires Gomes.
Código oculto: política criminal, processo de racialização e obstáculos à cidadania da população negra no Brasil | Tamires Gomes Sampaio – São Paulo: Editora Contracorrente, 2020.

ISBN: 978-65-991612-61

1. 1. Política criminal. 2. Sistema de Justiça. 3. População negra. 4. Racismo Estrutural. I. Título. II. Autor.

CDD: 305.8
CDU: 323.4

Impresso no Brasil
Printed in Brazil

@editoracontracorrente
Editora Contracorrente
@ContraEditora

*Aos negros e negras que tombaram
e aos que resistem na luta contra o genocídio
da população negra no Brasil.*

*À Marielle Franco.
Que sua luta e sua história nos deem força e nos inspirem
a transformar o nosso luto em luta, e a luta
em transformação social.*

Axé.

Humilhado e profundamente desonrado, o Negro é, na ordem da modernidade, o único de todos os humanos cuja carne foi transformada em coisa, e o espírito, em mercadoria – a cripta viva do capital. Mas – e esta é a sua manifesta dualidade –, numa reviravolta espetacular, tornou-se o símbolo de um desejo consciente de vida, força pujante, flutuante e plástica, plenamente engajada no acto de criação e até de viver em vários tempos e várias histórias ao mesmo tempo. A sua capacidade de enfeitiçar e, até, de alucinar multiplicou-se. Algumas pessoas não hesitariam em reconhecer no Negro o lodo da terra, o nervo da vida através do qual o sonho de uma Humanidade reconciliada com a natureza, ou mesmo com a totalidade do existente, encontraria novo rosto, voz e movimento.

Achille Mbembe

SUMÁRIO

APRESENTAÇÃO 11

PREFÁCIO 13

INTRODUÇÃO 17

CAPÍTULO I – ESCRAVIDÃO E RACISMO ESTRUTURAL.... 25

1.1 Sociedade escravocrata 27

1.2 Direito à vida e à morte: o negro como escravo ou criminoso 33

1.3 Resistência negra e o movimento abolicionista........................... 44

1.4 Racismo estrutural.. 58

CAPÍTULO II – POLÍTICA CRIMINAL E RACISMO
    INSTITUCIONAL 69

2.1 Violência policial 78

2.2 Sistema prisional brasileiro 88

2.3 Guerra às drogas e encarceramento em massa 98

2.4 Índice de vitimização da população negra no Brasil.................... 104

CAPÍTULO III – PROCESSO DE RACIALIZAÇÃO, GENOCÍDIO E OBSTÁCULOS À CIDADANIA DA POPULAÇÃO NEGRA. 109

3.1 Racialização e cidadania da população negra 112

3.2 É possível falar em genocídio da população negra no Brasil? 116

SEGURANÇA PÚBLICA CIDADÃ 127

POSFÁCIO 133

REFERÊNCIAS BIBLIOGRÁFICAS 139

APRESENTAÇÃO

Quando soube que uma estudante do ProUni havia se tornado a primeira negra a presidir o Centro Acadêmico de Direito da Mackenzie, eu pensei que precisava conhecer aquela jovem. Durante tempo demais, as portas do ensino superior estiveram fechadas para os filhos e filhas da classe trabalhadora, sobretudo negros. A universidade era um feudo, uma espécie de gueto às avessas. Sonho de muitos, mas privilégio de poucos.

O simples fato de uma jovem de origem pobre conquistar uma vaga numa das mais tradicionais – e outrora exclusivas – instituições de ensino superior privado já demonstrava o acerto das políticas de igualdade que conseguimos implantar no Brasil, enfrentando e vencendo preconceitos centenários arraigados na nossa história.

E ver essa mesma jovem ocupando posição de liderança entre seus pares era a comprovação de que as pessoas precisam de uma única coisa para mostrar sua força e realizar o que parecia inalcançável. As pessoas precisam de oportunidade.

A Tamires agarrou essa oportunidade, da mesma forma que o fizeram milhares de outros jovens que chegaram ao ensino superior com todos os méritos e o empurrão inicial de políticas públicas, como o ProUni, o FIES, as cotas sociais e raciais, o Enem e a expansão da rede de Universidades federais.

É com imensa alegria que escrevo hoje a apresentação do primeiro livro publicado pela professora Tamires Gomes Sampaio, resultado de sua dissertação de mestrado. O difícil caminho que fora obrigada a trilhar para chegar até aqui está exposto no próprio tema que ela se propôs a estudar: os obstáculos à cidadania da população negra brasileira.

O Brasil tem uma dívida eterna com os homens e as mulheres arrancados de sua terra natal para servirem de escravos do outro lado do oceano. Trezentos anos de escravidão e mais um século de exclusão e criminalização da população negra fizeram deste país um dos mais desiguais do planeta.

A verdadeira abolição não virá por decreto, da noite para o dia. Ela será o resultado da construção de políticas públicas radicais de igualdade, mas também da ocupação cada vez maior de espaços antes vedados aos jovens negros, como a Academia – não mais como objetos de estudo, mas como pesquisadores e pesquisadoras, produzindo mais e mais conhecimento.

Que o lugar de fala da juventude negra seja onde ela quiser.

Parabéns, Tamires.

Luiz Inácio Lula da Silva
Ex-presidente da República Federativa do Brasil (2003 – 2010)

PREFÁCIO

A importância de um livro, além de qualidades intrínsecas ao trabalho de pesquisa e à forma, pode ser medida pelo momento histórico em que é publicado. Há livros que, ao surgirem, foram capazes de estabelecer profundos diálogos com o tempo presente, ao mesmo tempo em que lançaram questões importantes para que novos e decisivos passos pudessem ser dados em direção ao futuro. Esse me parece ser o caso de *Código Oculto: política criminal, processo de racialização e obstáculos à cidadania da população negra no Brasil*, de autoria de Tamires Gomes Sampaio.

Resultado de sua dissertação de mestrado, que tive a honra de orientar, o livro propõe-se a difícil tarefa de relacionar temas que em geral são tratados de forma fragmentada: política criminal e racismo estrutural. Além de buscar o elo entre os dois temas, a autora o faz partindo da realidade brasileira, em diálogo intenso com clássicos do pensamento social brasileiro, como Clóvis Moura e Jacob Gorender.

Pode parecer inusitada a afirmação de que é incomum o estudo da política criminal e da questão racial, mas o livro de Tamires Gomes Sampaio traz, sim, um dado de originalidade, na medida em que não se limita à apresentação de dados sociológicos sobre como o sistema criminal é especialmente cruel com as pessoas negras. Obviamente o livro parte desses dados importantes, mas eles não são o fim último daquilo que a autora pretende; o livro de Tamires Gomes Sampaio toma os dados empíricos como base para que se possa construir uma teoria sobre o funcionamento racialmente constitutivo do sistema de justiça criminal brasileiro. O racismo é parte *estrutural* do sistema de justiça criminal e não mero efeito. Em outras palavras, *não há e nem nunca houve no Brasil sistema de justiça criminal sem racismo*.

Formulações teóricas como as propostas no livro sobre o sistema de justiça e seu componente racial são essenciais para que se possa ir além de abordagens meramente descritivas. Falar de um sistema de justiça brasileiro não significa dizer que estamos diante de situações absolutamente iguais em todo o território brasileiro, e é essencial que as peculiaridades de diferentes contextos sejam analisadas. Entretanto, é tarefa ainda mais importante, mesmo para a constituição de um método que permita uma análise profunda da realidade, que sejam construídas ferramentas teóricas capazes de captar o que diversas realidades têm em comum.

Por isso, desde o título, o trabalho se mostra original ao ressaltar a existência de um "código oculto" no sistema de justiça criminal. A sutileza do título do trabalho está em apreender o termo "código" tanto no sentido de sistema específico de transmissão de informações como no sentido propriamente jurídico, de organização sistemática de normas. Há, portanto, um "sistema" que se organiza de modo "oculto" para *informar* e *normatizar* a ação dos sujeitos que compõem o sistema de justiça. E esse sistema é o racismo, conclusão a que chega a Tamires Gomes Sampaio ao olhar o entrelaçamento das raízes do racismo brasileiro e do sistema de justiça criminal. A complexidade das questões trazidas pelo livro pode ser exemplificada por meio do seguinte trecho: "O histórico de exploração e criminalização da população negra no Brasil, fundado no racismo estrutural em nossa sociedade, que se reproduz no atual sistema de segurança pública por meio de um código oculto [...], demonstra que a política de segurança pública brasileira é uma política de extermínio da população pobre e negra".

Como dito anteriormente, a importância do livro de Tamires Gomes Sampaio também está em sua capacidade de dialogar com as mais prementes questões do contexto histórico de seu aparecimento. Vale lembrar que, neste momento, o Brasil passa por uma de suas maiores crises civilizatórias, em que a violência usual do sistema de justiça criminal é potencializada pela presença na Presidência da República do representante de um grupo político sem qualquer apreço pela democracia, pelos direitos humanos ou pelo pensamento científico. Se o contexto mundial já era desolador, em que racismo, xenofobia e intolerância religiosa eram as respostas políticas de muitos países à crise econômica, o surgimento da pandemia provocada pelo Covid-19 abala ainda mais os fundamentos políticos, econômicos e morais de um mundo já devastado e combalido. Por esse motivo, é mais do que necessário que nossas maiores energias se voltem à compreensão profunda e cuidadosa do tecido desta realidade social que se esgarça, a fim de que novos cenários, alternativas e práticas possam ser construídas.

Outro ponto de altíssima relevância e que torna a publicação do livro ainda mais importante é que, com "Código oculto", Tamires Gomes Sampaio coloca-se como parte de uma tradição de mulheres negras que vêm tecendo as mais interessantes e agudas reflexões sobre racismo e sistema de justiça. Tamires Gomes Sampaio agora segue os passos de Angela Davis (*Are prisons obsolete?*), Michelle Alexander (*The new Jim Crow*) e Ana Luiza Flauzina (*Corpo negro caído no chão*).

Conheci Tamires Gomes Sampaio em meados de 2012, ainda aluna de graduação em Direito, quando ambos participávamos da "Frente Pró-Cotas", organizada para reivindicar cotas raciais nas instituições públicas de ensino superior do Estado de São Paulo. Da colaboração política e mútua admiração, nasceu a colaboração acadêmica, quando Tamires tornou-se aluna do programa de pós-graduação *stricto sensu* da Universidade Presbiteriana Mackenzie, em que sou um dos professores. Após a defesa e aprovação de sua dissertação de mestrado, Tamires realizou algo raro, que é estabelecer a comunhão entre conhecimento acadêmico, construído com sólida pesquisa, ativismo político disciplinado e profundo compromisso com um mundo melhor. Que seu livro seja mais uma das luzes que nos levem a questionar um sistema que, em nome da justiça, promove a barbárie e o extermínio.

Durham, Carolina do Norte (EUA), 16 de abril de 2020

Silvio Luiz de Almeida

Doutor em Direito pela Universidade de São Paulo.
Professor da Faculdade de Direito da Universidade
Presbiteriana Mackenzie (SP). Professor da Escola de
Administração de Empresas da Fundação Getúlio Vargas (SP).
Professor Visitante do Programa Mellon da Universidade
de Duke (EUA). Presidente do Instituto Luiz Gama (SP)

INTRODUÇÃO

As estruturas e relações sociais construídas durante o período do Brasil colônia e Império tiveram como base mais de trezentos anos de um sistema escravocrata, somado a um processo abolicionista não sucedido por políticas públicas de inserção da população negra na sociedade, o que resultou na estruturação do racismo que se reproduz em todas as relações sociais e institucionais e gera consequências até hoje. Por meio de uma construção teórica e prática baseada na manutenção da estrutura de dominação racial e social consolidada no período escravocrata no Brasil, junto ao racismo estrutural, constituiu-se a idealização de uma política criminal que, nos dias de hoje, segrega e encarcera em massa a população negra.

Durante o processo abolicionista, com a possibilidade real do fim da escravidão, o destino da população escravizada tornou-se uma questão. Na tentativa de evitar uma revolta social, uma série de medidas para controlar essa população foram tomadas. O Direito Civil – principalmente com a Lei de Terras de 1850[1] –, assim como o Direito Penal eram os instrumentos mais eficazes utilizados para tanto. Com o Código Penal de 1890, a "Vadiagem e Capoeira" (art. 399),[2] dentre outras atividades,

---

[1] BRASIL. Casa Civil. Lei n. 601, de 18 de setembro de 1850. Dispõe sobre as terras devolutas do Império. Disponível em: <http://www.planalto.gov.br/ccivil_03/LEIS/L0601-1850.htm>. Acesso em: 07.09.2019.

[2] BRASIL. Casa Civil. Decreto n. 847, de 11 de outubro de 1890. Promulga o Codigo

passaram a ser criminalizadas, levando o *status* de marginal à população negra, o que só se intensificou com o tempo. A manutenção da ordem, tão defendida à época, tornou-se nada mais do que a exclusão e criminalização dos que não se adequavam ao perfil da classe dominante.

Após a abolição da escravidão, o processo de racialização constituído no Brasil foi influenciado por conflitos sociais, decisivos para a formação de critérios discriminatórios de cidadania e para a constituição de estruturas sociais qualitativamente distintas. As discriminações estruturais, baseadas no processo de racialização da sociedade brasileira, implicaram a reprodução do racismo no sistema de justiça criminal de forma implícita, porém criminalizando reiteradamente práticas relacionadas à população negra, excluindo-a socialmente e justificado essas práticas por meio de um discurso meritocrático.

O período pós-escravista foi caracterizado pela racialização das relações sociais, evidenciada nos debates, atos políticos, nos planos e projetos de nação, momento em que estava sendo reconstruída a noção de liberdade e cidadania para a população negra.

James Holston,[3] em *Cidadania insurgente*, analisa o modo com que foi construída a concepção de cidadania no país. Holston observa que, a partir do período colonial, foi gerada uma cidadania característica, em que a maioria da população tinha seus direitos políticos excluídos, e que levou, a partir da luta pelo direito à cidade, à insurgência de uma nova forma de cidadania contemporânea. Sua característica é a definição discriminada da distribuição de direitos por categorias específicas da população. A discriminação do exercício do direito à cidadania atinge as pessoas por critérios sociais, políticos, civis e espaciais, como mulheres, negros e afrodescendentes, analfabetos, pessoas de baixa renda e/ou sem acesso à propriedade no campo ou na cidade.

[*sic*] Penal. Disponível em: <http://www.planalto.gov.br/ccivil_03/decreto/1851-1899/D847.htm>. Acesso em: 07.09.2019.

[3] HOLSTON, J. *Cidadania insurgente*: disjunções da democracia e da modernidade no Brasil. Trad. Claudio Carina. São Paulo: Companhia das Letras, 2013.

INTRODUÇÃO

Ao mesmo tempo em que exclui a população mais pobre e negra, há o benefício de grupos seletos, chamados de elite, que se perpetuam no poder e garantem a manutenção de uma estrutura social hierarquizada, baseada no processo de racialização, garantindo, assim, seus privilégios em detrimento de outros grupos discriminados.

Ao analisarmos o sistema de justiça criminal no Brasil, podemos perceber que a população negra é alvo de criminalização e segregação social até hoje, de forma sistemática, e, em especial, por meio da chamada guerra às drogas, que inclui o encarceramento em massa e o extermínio advindo em grande parte da letalidade policial.

Mais de cem anos após o fim da escravidão, vivemos em uma sociedade em que, de acordo com dados do IBGE[4] relativos a 2016, 54,9% da população brasileira é negra (soma de 46,7% autodeclarados pardos e 8,2% pretos), porém a presença de negros nas universidades como professores é de apenas 16%[5] e, nos cursos das 40 carreiras com mais alunos, apenas 42% dos matriculados são negros;[6] a porcentagem cai para 27% nos cursos das 10 principais carreiras. No parlamento, a representação também é escassa: dos 513 deputados federais eleitos em 2018, 24,36% se autodeclara negro[7], enquanto que a presença de negros

---

[4] INSTITUTO Brasileiro de Geografia e Estatística (IBGE). População chega a 205,5 milhões, com menos brancos e mais pardos e pretos. *Agência IBGE*. Disponível em: <https://agenciadenoticias.ibge.gov.br/agencia-noticias/2012-agencia-de-noticias/noticias/18282-populacao-chega-a-205-5-milhoes-com-menos-brancos-e-mais-pardos-e-pretos>. Acesso em: 24.06.2019.

[5] MORENO, A. C. Negros representam apenas 16% dos professores universitários. *Portal de Notícias G1*. 20 nov. 2018. Disponível em: <https://g1.globo.com/educacao/guia-de-carreiras/noticia/2018/11/20/negros-representam-apenas-16-dos-professores-universitarios.ghtml>. Acesso em: 24.07.2019.

[6] PRESENÇA de negros avança pouco em cursos de ponta das universidades. *Folha de São Paulo*. Educação. São Paulo, 1 jul. 2019. Disponível em: <https://www1.folha.uol.com.br/educacao/2019/07/presenca-de-negros-avanca-pouco-em- cursos-de-ponta-das-universidades.shtml>. Acesso em: 24.07.2019.

[7] HAJE, L. Número de deputados negros cresce quase 5%. *Portal da Câmara dos Deputados*. Disponível em: <https://www2.camara.leg.br/camaranoticias/noticias/POLITICA/564047-NUMERO-DE-DEPUTADOS-NEGROS-CRESCE-QUASE-5.html>. Acesso em: 24 jul. 2019.

em profissões consideradas de elite mal ultrapassa o índice de 10%.[8] Nas periferias, entre as profissões com os piores índices de insalubridade e nos trabalhos informais, a maioria é de negros, ultrapassando o índice de 74%.[9]

Quando comparamos os índices de indicadores sociais com pesquisas em relação à segurança pública, como o *Atlas da violência 2019,*[10] percebemos que a principal face da desigualdade racial no Brasil é a forte concentração de homicídios na população negra. De acordo com dados do Sistema de Informação de Mortalidade do Ministério da Saúde (SIM/DATASUS), publicados nesse *Atlas*, houve 65.602 homicídios no Brasil em 2017, o que equivale a uma taxa de aproximadamente 31,6 mortes para cada 100 mil habitantes.

Ao focalizarmos os dados de 2017 do sistema prisional brasileiro, podemos avaliar que o processo de controle da população negra pelo sistema penal pós-escravidão tem reflexos até os dias de hoje. Conforme uma série de dados sobre nosso sistema penitenciário, disponibilizada no jornal digital *Nexo*, cerca de 67% da população carcerária é negra.[11]

Silvio Luiz de Almeida[12] destaca que racismo é uma forma sistemática de discriminação, cujo fundamento é a raça, manifesta-se de

---

[8] GOMES, H. S. Brancos são maioria em empregos de elite e negros ocupam vagas sem qualificação. *Portal de Notícias G1*. 14 maio 2018. Disponível em: <https://g1. globo.com/economia/noticia/brancos-sao-maioria-em-empregos-de-elite-e-negros-ocupam-vagas-sem-qualificacao.ghtml>. Acesso em: 24.07.2019.

[9] GOMES, H. S. Brancos são maioria em empregos de elite e negros ocupam vagas sem qualificação. Portal de Notícias G1. 14 maio 2018. Disponível em: <https:// g1.globo.com/economia/noticia/brancos-sao-maioria-em-empregos-de-elite-e-negros-ocupam-vagas-sem-qualificacao.ghtml>. Acesso em: 24.07.2019. Ibid.

[10] INSTITUTO de Pesquisa Econômica Avançada; Fórum Brasileiro de Segurança Pública (Org.). *Atlas da violência 2019*. Brasília: INSTITUTO de Pesquisa Econômica Avançada; Fórum Brasileiro de Segurança Pública. Disponível em: <http://www.ipea. gov.br/portal/images/stories/PDFs/relatorio_institucional/190605_atlas_da_violencia_ 2019.pdf>. Acesso em: 24.06.2019. .

[11] ALMEIDA, R.; MARIANI, D. Qual o perfil da população carcerária brasileira. *Nexo Jornal*. 18 jan. 2017. Disponível em: <https://www.nexojornal.com.br/ grafico/2017/01/18/Qual-o-perfil-da-popula%C3%A7%C3%A3o-carcer%C3%A1ria-brasileira>. Acesso em: 24.07.2019.

[12] ALMEIDA, S. L. de. *O que é racismo estrutural?* Belo Horizonte: Letramento, 2018.

INTRODUÇÃO

forma consciente ou inconsciente e resulta em desvantagens ou privilégios para indivíduos de acordo com o grupo racial a que pertencem. No caso da população negra, com base nos dados apresentados, a discriminação e desvantagens são explícitas.

Encarceramento em massa, letalidade policial, guerra às drogas e a relação da escravidão e das políticas de Estado pós-abolição, suas consequências e a relação estrutural entre raça e o Direito (com foco no sistema de justiça criminal) são temas abordados neste livro.

A partir dos conceitos apresentados em *O que é racismo estrutural?* e dos conceitos de cidadania brasileira construídos pelos autores já citados, James Holston e Wlamyra Ribeiro, busca-se formular uma análise sobre os reflexos do período escravocrata na construção social brasileira, a relação entre Direito e raça, a conceituação do que é racismo estrutural e do modo pelo qual os obstáculos ao acesso da população negra à cidadania foram criados pela estrutura social discriminatória.

Ao longo deste livro, serão analisados dados de pesquisas científicas sobre mortalidade da população brasileira e do sistema prisional brasileiro a fim de sustentar a afirmação de que o processo de racialização, iniciado no processo abolicionista, criou um sistema discriminatório e de segregação, cujas práticas são o extermínio e encarceramento em massa da população negra.

Os livros *Corpo negro caído no chão*, de Ana Luiza Pinheiro Flauzina,[13] e *Segurança pública e cidadania*, de Humberto Barrionuevo Fabretti,[14] são também tomados como bases teóricas. Esses autores elaboraram ideias que representam marcos para uma formulação crítica sobre a política criminal brasileira.

A perspectiva de análise deste estudo parte da criminologia crítica, das teorias do etiquetamento social, dos processos de racialização e

---

[13] FLAUZINA, A. L. P. *Corpo negro caído no chão*: sistema penal e o projeto genocida do estado brasileiro. Rio de Janeiro: Contraponto, 2008.

[14] FABRETTI, H. B. *Segurança pública e cidadania*: fundamentos jurídicos para uma abordagem constitucional. São Paulo: Ed. Atlas, 2014.

da elaboração de que raça e Direito, na sociedade brasileira, possuem relações estruturais. Mesmo que de forma implícita, refletem um processo de segregação da população negra no Brasil. O método utilizado para tanto foi a pesquisa bibliográfica.

No primeiro capítulo, "Da escravidão ao racismo estrutural", aborda-se a estruturação do sistema escravocrata no país a partir de dados do tráfico negreiro, das relações sociais no Brasil escravocrata e das leis penais voltadas para os escravos, bem como o modo pelo qual o racismo se torna fator determinante na estrutura social brasileira e o fim da escravidão marca o início de uma sociedade em que a racialização gera discriminação social e segrega. O capítulo serve de base para a construção teórica do trabalho, que visa demonstrar que o racismo opera como um código oculto por meio da política criminal brasileira e resulta em um processo de encarceramento em massa e extermínio da população negra.

No segundo capítulo, "Política criminal e racismo institucional no Brasil", destaca-se a política criminal brasileira que, com leis que criminalizaram a população negra desde o período abolicionista, contribui para um processo de exclusão social, encarceramento em massa e extermínio que perdura até os dias atuais. A partir dessa análise, com base teórica e de dados estatísticos sobre o tema, este estudo visa discutir a construção da "neutralidade" na legislação brasileira e como, através do racismo estrutural, construímos uma sociedade formalmente igualitária, mas extremamente racista e segregada na prática.

No terceiro e último capítulo, "Processo de racialização, genocídio e obstáculos à cidadania da população negra no Brasil", procura-se demonstrar como o processo de racialização da sociedade brasileira – produzido desde a escravidão e consolidado com a formação do Estado moderno brasileiro, que possui no racismo uma de suas bases estruturantes – reflete-se em uma sociedade socialmente segregada, na qual, a despeito das conquistas legislativas em relação à igualdade e cidadania, enseja-se um processo discriminatório sistemático da população negra, o que a impede de atingir seus direitos de cidadã, sendo criminalizada, encarcerada e exterminada. Nesse capítulo, também se discorre sobre o

INTRODUÇÃO

conceito de genocídio, incluindo a legislação nacional sobre o assunto e a possibilidade de o Estado brasileiro estar promovendo um processo de genocídio da população negra. Por fim, o concluo com a necessidade de se construir uma segurança cidadã, só possível com uma transformação da estrutura social.

A partir do cruzamento dos dados apresentados e das teorias analisadas, busca-se, com este trabalho, a constatação de que o Brasil possui uma sociedade segregada, e que a política criminal atua para garantir a exclusão social, o encarceramento e o extermínio da população negra, caracterizando, assim, um processo de genocídio dessa população no país.

Capítulo I
ESCRAVIDÃO E RACISMO ESTRUTURAL

A sociedade brasileira se estruturou a partir do sistema escravocrata, marcado pelo genocídio indígena e pela exploração dos povos africanos e afro-brasileiros, sequestrados e mercantilizados por meio do tráfico negreiro. Com o início no século XVI, estima-se que cerca de 10,7 milhões de africanos foram levados pelo mercado de escravos e, destes, cerca de 4.8 milhões vieram para o Brasil, ou seja, por volta de 48% do número total de africanos escravizados.[15]

O tráfico negreiro, como pontua Luiz Felipe de Alencastro,[16] em estudo que trata da formação do Brasil no Atlântico Sul e considera a relação entre a escravidão colonial e moderna, iniciou-se a partir da necessidade de Portugal de captar pedras preciosas para a manutenção do sistema mercantil com as Índias e os povos do Oriente.

O translado dos africanos para o Brasil pelo Atlântico era realizado nos porões dos navios negreiros, onde os negros ficavam empilhados de forma insalubre e desumana. Como consequência, muitos deles não

---

[15] ELTIS, D.; RICHARDSON, D. *Atlas of the Transatlantic slave trade*. New Haven: Yale University Press, 2010, pp. 197-198.

[16] ALENCASTRO, L. F. de. *O Trato dos viventes*: formação do Brasil no Atlântico Sul – Séculos XVI e XVII. São Paulo: Companhia das Letras, 2000.

chegavam com vida em solo brasileiro em decorrência de doenças e tinham seus corpos atirados ao mar. Schwarcz e Starling[17] discorrem sobre a precariedade dos navios:

> Procurava-se, de todo modo, otimizar os custos, colocando o maior número de pessoas no navio, o que com frequência correspondia a uma queda no abastecimento de víveres. Nesses casos os escravos, que normalmente comiam uma vez por dia, chegavam a passar a travessia inteira à base de azeite e milho cozido, e bebendo pouquíssima água potável, segundo atestam documentos. Entre cativos, mal alimentados desde o aprisionamento no interior e expostos a uma dieta pobre em vitamina C, grassava o escorbuto, a ponto de no século XVIII essa doença começar a ser chamada de "mal de Luanda" (...).

Ao chegarem ao Brasil, os africanos aprisionados eram vendidos por preços que variavam de acordo com a saúde ou estado físico, sendo que alguns chegavam a ser vendidos pelo dobro do valor quando comparados aos mais velhos e fracos.

Após o desembarque, os recém-chegados eram divididos por sexo e idade. No primeiro registro, os traficantes pagavam os impostos estabelecidos no Brasil e os escravizados eram encaminhados para o local de leilão. Havendo clientes no local, leiloavam os africanos já na alfândega; caso contrário, eram conduzidos para armazéns situados nas cercanias das áreas portuárias. Os mais magros e debilitados por conta da viagem eram aportados. As crianças eram desenhadas nas gravuras de época sempre com a barriga inchada, consequência de vermes e da desnutrição. Muitos escravos sofriam de inflamação nos olhos, disseminada devido à falta de higiene e sol na travessia do Atlântico. Os africanos eram anunciados nos jornais com critérios a partir de sexo, idade e nacionalidade. Os preços eram abertamente discutidos por proprietários e traficantes – os homens adultos alcançavam valores mais altos[18].

---

[17] SCHWARCZ, L. M.; STARLING, H. M. *Brasil*: uma biografia. São Paulo: Companhia das Letras, 2015, p. 83.

[18] SCHWARCZ, L. M.; STARLING, H. M. *Brasil*: uma biografia. São Paulo: Companhia das Letras, 2015, p. 87.

CAPÍTULO I - ESCRAVIDÃO E RACISMO ESTRUTURAL

Importante destacar que, desde o início, o tráfico de escravos encontrou enorme resistência por parte dos africanos; em muitas oportunidades, inclusive, suicidavam-se no trajeto do continente de origem para o Brasil. "Há registros de mortes por suicídios: cativos precipitavam-se ao mar ou recusavam-se sistematicamente a alimentação oferecida".[19]

Um dos meios de conter uma possível revolta dos africanos consistia em separá-los de suas etnias para, assim, dificultar a comunicação e evitar qualquer tentativa de levante contra as arbitrariedades que sofriam.

> Os escravizados que chegavam à América falavam línguas distintas, e com frequência as vendas finais no continente rompiam elos culturais e familiares entre eles, ou ao menos essa era a intenção dos clientes interessados em evitar possíveis insurreições e revoltas.[20]

1.1 Sociedade escravocrata

A colonização do Brasil pelos portugueses gerou um conflito com base em duas sociedades que se organizavam de formas heterogêneas: as populações indígenas, que viviam em uma sociedade tribal e em relação intrínseca com a natureza e o território; e os colonizadores portugueses, de uma sociedade feudal[21] ibero-lusitana e mercantilista do Ocidente europeu. Ao descrever a colonização, Almeida[22] afirma se tratar de "um movimento de levar a civilização para onde ela não existia que redundou em um processo de destruição e morte, de espoliação e aviltamento, feito em nome da razão e a que se denominou de *colonialismo*".

---

[19] SCHWARCZ, L. M.; STARLING, H. M. *Brasil:* uma biografia. São Paulo: Companhia das Letras, 2015, p. 84.

[20] SCHWARCZ, L. M.; STARLING, H. M. *Brasil:* uma biografia. São Paulo: Companhia das Letras, 2015, p. 86.

[21] SCHWARCZ, L. M.; STARLING, H. M. Brasil: uma biografia. São Paulo: Companhia das Letras, 2015. p. 83.

[22] ALMEIDA, S. L. de. *O que é racismo estrutural?* Belo Horizonte: Letramento, 2018, p. 21

Jacob Gorender analisa o sistema de produção decorrente do conflito causado pela exploração e colonização das terras brasileiras por portugueses, os quais não se adequaram ao modo de vida dos indígenas, tampouco o sistema feudal, que estava acabando na Europa e passou a ser reproduzido no Brasil, surgindo, a partir de então, o escravismo colonial:

> O modo de produção feudal, dominante no Portugal da época, não se transferiu ao país conquistado. Tampouco os portugueses deixaram subsistir o modo de produção das tribos indígenas nas áreas que sucessivamente, submetiam ao seu domínio. Resta a hipótese de síntese. O modo de produção resultante da conquista – escravismo colonial – não pode ser considerado uma síntese dos modos de produção preexistentes em Portugal e no Brasil.[23]

Para Clovis Moura,[24] a escravidão moderna caracteriza-se como um modo de produção que surgiu com o mercantilismo e a expansão do capitalismo, tendo como elemento constitutivo básico a acumulação primitiva do capital. O escravismo moderno, também chamado de escravismo colonial, refletiu em sua dinâmica e estrutura as leis econômicas fundamentais do modo de produção escravista antigo, mantendo a equiparação dos escravos com as bestas, como *instrumentum vocale*, existindo, por isso, a redibição em caso de defeitos físicos não comunicados pelo vendedor ao comprador.

O modo de produção escravista no Brasil durou quase quatrocentos anos e influiu poderosamente no *ethos* da nação, marcando as limitações do capitalismo dependente que o substituiu,[25] sendo que até hoje há vestígios das relações existentes naquele período.

---

[23] GORENDER, J. *O Escravismo colonial*. São Paulo: Fundação Perseu Abramo, 2011, p. 84.

[24] MOURA, C. *Dicionário da escravidão negra no Brasil*. São Paulo: Editora da Universidade de São Paulo, 2004.

[25] MOURA, C. *Dicionário da escravidão negra no Brasil*. São Paulo: Editora da Universidade de São Paulo, 2004, pp. 149-150.

CAPÍTULO I - ESCRAVIDÃO E RACISMO ESTRUTURAL

A característica essencial da escravidão é a objetificação do escravo como propriedade de quem o detém. A noção de propriedade implica a de sujeição a alguém fora dela: o escravo está sujeito ao senhor a quem pertence. Para Gorender, a escravidão atinge sua forma "completa" quando a noção de propriedade, como atributo primário, se desdobra na transmissão da condição social de escravo aos filhos, caracterizando a hereditariedade e, assim, perpetuando o sistema escravocrata de determinado povo.

> Ser propriedade é o atributo primário do ser escravo, e a partir disto se resulta dois atributos derivados: a perpetuidade e a hereditariedade. Por isto que o escravo o é por toda a vida e sua condição social se transmite aos filhos. A escravidão assume sua forma "completa" quando os atributos primários vêm acompanhados dos derivados, como foi o caso brasileiro; quando o atributo primário da propriedade não se desdobra na hereditariedade e perpetuidade, ou seja, quando existe um prazo delimitado ou não é transmitida à prole, é denominada de forma incompleta.[26]

Os negros escravizados eram equiparados a animais e foram explorados nas minas, nas lavouras, na construção das cidades ou na casa-grande, geralmente sem nenhuma proteção, em condições nocivas e a todo momento sob tortura, pois o racismo, como destaca Almeida, é definido pelo seu caráter sistêmico.

> Não se trata, portanto, de apenas um ato discriminatório ou de uma série de atos, mas de um *processo* em que condições de subalternidade e de privilégio que se distribuem entre grupos raciais se reproduzem nos âmbitos da política, da economia e das relações cotidianas.[27]

---

[26] GORENDER, J. *O Escravismo colonial*. São Paulo: Fundação Perseu Abramo, 2011, pp. 89-91.

[27] ALMEIDA, S. L. de. *O que é racismo estrutural?* Belo Horizonte: Letramento, 2018, p. 27.

Segundo Achille Mbembe, o colonialismo foi "um projeto de universalização, cuja finalidade era inscrever os colonizados no espaço da modernidade".[28] Construído como movimento de levar a civilização a lugares onde ela supostamente não existia, o colonialismo transformou-se em um processo de destruição e morte, de roubo e humilhação, feito em nome da razão.

Mesmo que a ciência tenha comprovado a inexistência de raças humanas, essa categorização é utilizada ainda hoje como justificativa para as desigualdades existentes. Para Almeida, a classificação de seres humanos serviu, mais do que para o conhecimento científico, como uma das tecnologias do colonialismo europeu para a destruição de povos nas Américas, da África, da Ásia e da Oceania.

> Sobre os indígenas americanos, a obra do etnólogo holandês Cornelius de Pauw é emblemática. Para o escritor holandês do século XVIII, os indígenas americanos "não têm história", são "infelizes", "degenerados", "animais irracionais" e cujo temperamento é "tão úmido quanto o ar e a terra onde vegetam". Já no século XIX, um juízo parecido com o de Pauw seria feito pelo filósofo Georg Wilhelm Friedrich Hegel acerca dos africanos, que seriam, "sem história", bestiais e envoltos em "ferocidade" e "superstição". As referências à "bestialidade" e "ferocidade" demonstram como a associação entre seres humanos de determinadas culturas/características físicas com animais ou mesmo insetos é uma tônica muito comum do racismo e, portanto, do processo de desumanização que antecede práticas discriminatórias ou genocídios até os dias de hoje.[29]

Essa construção discriminatória dos seres humanos por meio da concepção de raças tornou-se base para estudos que justificaram a exploração de determinados povos a partir de suas características. Com a

---

[28] MBEMBE, A., 2018 apud ALMEIDA, S. L. de. *O que é racismo estrutural?* Belo Horizonte: Letramento. 2018, p. 21.

[29] ALMEIDA, S. L. de. *O que é racismo estrutural?* Belo Horizonte: Letramento, 2018, pp. 22-23.

CAPÍTULO I - ESCRAVIDÃO E RACISMO ESTRUTURAL

associação de seres humanos, como no caso dos africanos e indígenas da América, a características bestiais, a concepção de raça foi usada como justificativa para a invasão de terras e dominação de culturas e sociedades, com o discurso de levar a civilização a esses lugares.

Na metade do século XIX o Brasil passava por intensos conflitos sociais, e o abolicionismo ganhava força na sociedade. Porém, por conta da influência da construção ideológica de inferioridade das raças, a elaboração do processo abolicionista se deu em paralelo ao de racialização, garantindo uma discriminação social que permitia, apesar da abolição da escravidão, a permanência do tratamento desigual para com a população negra.

Embora a antropologia e a biologia afirmem e reforcem a constatação de que não existe nenhuma diferença biológica ou cultural que justifique o tratamento discriminatório entre os seres humanos, a noção de raça ainda é um fator político utilizado para perpetuar e naturalizar desigualdades, justificar segregação social e o genocídio de grupos socialmente considerados minoritários.

Escravidão é sinônimo de violência: só é possível entender a construção de uma instituição como o escravismo moderno ao se analisar a ideia da necessidade, que a monocultura em larga escala trazia, de um grande contingente de trabalhadores submetidos a uma rotina espinhosa, sem nenhuma motivação pessoal.

O trabalho compulsório determinou a introjeção da autoridade do senhor e criou um sentimento constante de medo, reforçado pelo castigo disciplinar, diversas vezes aplicado coletivamente: o tronco exemplar e a utilização do açoite eram punições públicas como forma de pena e humilhação, os ganchos e pregas no pescoço para evitar as fugas nas matas, as máscaras de flandres para impedir o suicídio, as correntes presas ao chão. Construiu-se, no Brasil, uma arqueologia da violência, cuja intenção era constituir a figura do senhor como autoridade máxima, cujas marcas e a própria lei ficavam registradas no corpo do escravo.[30]

---

[30] SCHWARCZ, L. M.; STARLING, H. M. *Brasil*: uma biografia. São Paulo: Companhia das Letras, 2015, pp. 91-92.

Segundo Moura,[31] o modo de produção escravista teve, como componente estrutural mais importante, as contradições entre senhores e escravos. A escravidão no Brasil se enraizou com o exercício da violência, e não nas áreas de estabilidade parcial que nela existiam. Há uma tendência de cunho neoliberal de tentar subestimar o conflito, para criar uma ideia de que o período escravocrata foi ameno e de que as relações entre senhores e escravos eram pactuadas. Os que defendem essa ideia são os mesmos que dão base para a construção do mito da democracia racial, que vendeu a concepção de que o Brasil era uma nação racialmente democrática e miscigenada, quando, na verdade, tinha uma miscigenação baseada no estupro das mulheres negras e indígenas.

A ideia de relações supostamente adaptadas e neutras em relação às contradições inerentes ao sistema atuaria como mecanismo moderador e gerador de uma psicologia de empatia que caracterizaria a essência do sistema escravocrata.

> A sua estrutura de personalidade, a sua *interioridade*, era montada no sentido de receber passivamente ou semipassivamente os mecanismos controladores do sistema, porém nunca, ou quase nunca, para receber, assimilar, um reflexo anti-inibidor e contestador: uma consciência crítica. Seria à base desse comportamento *negociado* que se explicariam certas particularidades do escravismo brasileiro quando comparado ao que existiu nos Estados Unidos e no Caribe. Aqui, "entre Zumbi e Pai João, o escravo negocia". Essa seria a síntese hegeliana das relações entre senhores e escravos no Brasil. O meio termo seria a realidade, o *jeitinho*, e as acomodações dariam o *ethos* do nosso sistema escravista.[32]

Não há dúvidas de que houve algum tipo de relacionamento entre senhores e escravos, porém dizer que isso era determinante na dinâmica entre essas classes é desconsiderar completamente o que foi o

---

[31] MOURA, C. *Dialética radical do Brasil negro*. São Paulo: Fundação Maurício Grabois; Editora Anita Garibaldi, 2014.

[32] MOURA, C. *Dialética radical do Brasil negro*. São Paulo: Fundação Maurício Grabois; Editora Anita Garibaldi, 2014, p. 37-38. (grifo do autor).

CAPÍTULO I - ESCRAVIDÃO E RACISMO ESTRUTURAL

sistema escravocrata no Brasil. Dito isto, faço coro a Moura, que se coloca em uma posição teórica oposta aos que igualam o fundamental ao secundário e tentam demonstrar que, no modo de produção escravista brasileiro, a conciliação se sobrepôs ao conflito e ao descontentamento, a pacificação à violência e a empatia à resistência social, política e cultural nos seus diversos níveis.

1.2 Direito à vida e à morte: o negro como escravo ou criminoso

Os negros e indígenas sempre resistiram ao processo de escravização, por meio de fugas, revoltas e até mesmo insurreições contra os senhores e suas famílias. Diante dos conflitos gerados pelas relações entre senhor e escravo, o Direito surge para ratificar o poder dos proprietários sobre sua propriedade, garantindo a eles o poder sobre os corpos negros para a exploração e o açoite e sobre a vida de seus escravos. Clóvis Moura destaca como essa repressão era necessária para a manutenção do equilíbrio social na época:

> Ao mesmo tempo em que crescia a população escrava, de um lado, do outro, a rebeldia desse elemento se fará sentir: os índios através de guerras constantes e violentas contra os colonos, e os africanos através de movimentos coletivos como Palmares e outros grandes ou pequenos quilombos, ou no seu cotidiano com fugas individuais, em grupos, descaso pelo trabalho, delinquência ocasional contra os feitores, senhores e membros de suas famílias. A repressão a essa rebeldia por parte do Estado escravista, por isto mesmo, era uma força necessária e eficaz para manter o equilibro social, enquanto força fosse um elemento desse equilíbrio. Era, portanto, um equilíbrio que tinha como base principal o antagonismo entre senhores e escravos e as medidas de controle social dos senhores.[33]

O sistema penal no Brasil colonial surge, então, com a função de controlar os corpos negros, conformá-los ao trabalho compulsório e

---

[33] MOURA, C. *Dialética radical do Brasil negro*. São Paulo: Fundação Maurício Grabois; Editora Anita Garibaldi, 2014, p. 65-66.

principalmente naturalizar o lugar de servidão dos negros. Embora houvesse as ordenações, estruturou-se a lógica de atuação do aparelho repressivo no país, com base em um poder punitivo essencialmente doméstico e exercido pelos senhores contra seus escravos sem qualquer regulamentação, demarcando que esse sistema penal, em seu início, tinha como característica central as práticas no domínio do privado. Flauzina, em *Corpo negro caído no chão*, ao analisar as quatro fases do sistema penal brasileiro, de acordo com a divisão que Nilo Batista faz (colonial, imperial, nova república e neoliberal), destaca:

> A partir dessa premissa e com estreita identificação público-privado, típica dos países ibéricos, contando com a vagarosa edificação da máquina burocrática na Colônia e, principalmente esse empreendimento, o sistema penal característico desse período esteve umbilicalmente relacionado a práticas no domínio do privado. Portanto, foi no interior das relações entre senhores e cativos que a força punitiva tomou forma e materialidade. Ou seja, da relação forjada pelo universo casa-grande versus senzala serão concebidas as matrizes de nosso sistema penal.[34]

Sendo assim, é no espaço privado em que a extensão das práticas punitivas é fundamentalmente regulada. Nesse período, o foco do sistema penal está voltado para o controle do modo de vida dos segmentos mais vulneráveis.

> A partir do discurso da inferioridade negra, o manejo do sistema penal, principalmente pela difusão do medo e de seu poder desarticulador, cumpriu um papel fundamental nos processos de naturalização da subalternidade. Ou seja, os mecanismos de controle, mais do que manter a população negra na posição de subserviência, deveriam ser capazes de fazer com que os negros internalizassem a inferioridade como parte da constituição de seu caráter.[35]

---

[34] FLAUZINA, A. L. P. *Corpo negro caído no chão*: sistema penal e o projeto genocida do estado brasileiro. Rio de Janeiro: Contraponto, 2008, pp. 57-58.

[35] FLAUZINA, A. L. P. Corpo negro caído no chão: sistema penal e o projeto genocida do estado brasileiro. Rio de Janeiro: Contraponto, 2008, p. 62.

CAPÍTULO I - ESCRAVIDÃO E RACISMO ESTRUTURAL

A dinâmica do controle social exercido no Brasil Colônia, determinada pelo racismo e materializada como discriminação racial, garantia a legitimação da força visando segmentar a população negra. O racismo, que dá base ao sistema escravocrata, caracteriza-se pela dominação, pois detêm o poder os grupos que exercem o domínio sobre a organização política e econômica da sociedade. Porém, a manutenção desse poder adquirido depende da capacidade do grupo dominante de institucionalizar seus interesses, os quais, por meio da ideologia, impõem regras, padrões de condutas e modos de racionalidade que tornem "normal" e "natural" o seu domínio a toda a sociedade.[36]

O traficante de escravos norte-americano William Lynch elaborou um projeto desse modelo de dominação, transmitindo-o em discurso para uma plateia estadunidense em Virginia em 1712.

> Senhores,
>
> Eu saúdo vocês, aqui presentes nas beiras do Rio James, no ano de 1712 do nosso Senhor. Primeiro, devo agradecer a vocês, senhores da colônia da Virgínia, por me trazerem aqui.
>
> Estou aqui para ajudá-los a resolver alguns dos seus problemas com escravos.
>
> O convite de vocês chegou até a mim, lá na minha modesta plantação nas Índias do Oeste onde experimentei alguns mais novos, e outros ainda velhos, métodos de controle de escravos. A Antiga Roma nos invejaria se o meu programa fosse implementado.
>
> Assim que o nosso navio passou ao sul do Rio James, nome do nosso ilustre Rei, eu vi o suficiente para saber que o problema de vocês não é único.
>
> Enquanto Roma usava cordas e madeira para crucificar grande número de corpos humanos pelas velhas estradas, vocês aqui usam as árvores e cordas. Eu vi um corpo de um escravo morto balançando em um galho de árvore a algumas milhas daqui.

---

[36] ALMEIDA, S. L. de. *O que é racismo estrutural?* Belo Horizonte: Letramento, 2018, p. 31.

Vocês não estão só perdendo estoques valiosos nesses enforcamentos, estão tendo também levantes, escravos fugindo, suas colheitas são deixadas no campo tempo demais para um lucro máximo, vocês sofrem incêndios ocasionais, seus animais são mortos. Senhores! Vocês conhecem seus problemas; eu não estou aqui para enumerá-los, mas para ajudar a resolvê-los!

Tenho comigo um método de controle de escravos negros. Eu garanto que se vocês implementarem da maneira certa, controlará os escravos no mínimo durante 300 anos. Meu método é simples e todos os membros da família e empregados brancos podem usá-lo.

Eu seleciono um número de diferenças existentes entre os escravos; eu pego essas diferenças e as faço ficarem maiores, exagero-as. Então eu uso o medo, a desconfiança, a inveja, para controlá-los. Eu usei esse método na minha fazenda e funcionou; não somente lá, mas em todo o Sul.

Pegue uma pequena e simples lista de diferenças e pense sobre elas. Na primeira linha da minha lista está "idade" [*age* em inglês], mas isso só porque começa com a letra "A". A segunda linha, coloquei "cor" ou "nuances". Há ainda "inteligência", "tamanho", "sexo", "tamanho da plantação", "*status* da plantação", "atitude do dono", "se mora no vale ou no morro", "leste ou oeste", "norte ou sul", se tem "cabelo liso ou crespo", se é "alto ou baixo".

Agora que vocês têm uma lista de diferenças, eu darei umas instruções, mas antes, eu devo assegurar que a desconfiança é mais forte do que a confiança e que a inveja é mais forte do que a adulação, o respeito e a admiração.

O escravo negro, após receber esse doutrinamento ou lavagem cerebral, perpetuará ele mesmo e desenvolverá esses sentimentos, que influenciarão seu comportamento durante centenas, até milhares de anos, sem que precisemos voltar a intervir. A sua submissão a nós e à nossa civilização será não somente total, mas também profunda e durável.

Não se esqueçam de que vocês devem colocar o velho negro contra o jovem negro. E o jovem negro contra o velho negro. Vocês devem jogar o negro de pele escura contra o de pele clara.

CAPÍTULO I - ESCRAVIDÃO E RACISMO ESTRUTURAL

E o de pele clara contra o de pele escura. O homem negro contra a mulher negra.

É necessário que os escravos confiem e dependam de NÓS. Eles devem amar, respeitar e confiar somente em nós.

Senhores, essas dicas são as chaves para controlá-los, usem-nas. Façam com que as suas esposas, filhos e empregados brancos também as utilizem. Nunca percam uma oportunidade.

Meu plano é garantido e a boa coisa nisso é que se utilizado intensamente durante um ano, os escravos por eles mesmos acentuarão ainda mais essas oposições e nunca mais terão confiança em si mesmos, o que garantirá uma dominação quase eterna sobre eles.

Obrigado, senhores.[37]

A leitura do discurso proporciona uma ideia da dimensão do alcance efetivo do mecanismo de controle dentro de um sistema de natureza privada. O traficante descreve métodos de seleção entre os escravizados e, a partir de diferenças físicas, de gênero, cor da pele e idade, entre outras, propõe criar um sentimento de competição e de desconfiança entre eles de modo a refletir na desorganização e, assim, evitar qualquer tipo de revolta contra os senhores.

O conteúdo do discurso pode ser observado ainda nos dias de hoje no Brasil, por exemplo, nas discussões sobre *colorismo,*[38] que tenta criar uma hierarquia entre as violências que a população negra sofre a partir da tonalidade da cor de pele, ou em casos de policiais negros violentos com jovens negros. Com isso, podemos observar que, por trás das concepções sobre raça no Brasil, existem conflitos sociais e jogos de poder.

---

[37] Disponível em: <https://pt.scribd.com/document/157216900/Carta-de-William-Lynch>. Acesso em: 15.03.2019.

[38] "O colorismo é a discriminação pela cor da pele e é muito comum em países que sofreram a colonização europeia e em países pós-escravocratas. De uma maneira simplificada, o termo quer dizer que quanto mais pigmentada uma pessoa, mais exclusão e discriminação essa pessoa irá sofrer". *In:* DJOKIC, A. Colorismo: o que é, como funciona. 26 maio 2015. *GELEDÉS Instituto da Mulher Negra*. Disponível em: <https://www.geledes.org.br/colorismo-o-que-e-como-funciona/>. Acesso em: 06.09.2019.

De acordo com Almeida,[39] trata-se de um conceito relacional e histórico, ou seja, a história das raças é a história da constituição política e econômica das sociedades contemporâneas, bem como o é o racismo.

O racismo é

> uma forma sistemática de discriminação que tem a raça como fundamento e que se manifesta por meio de práticas conscientes ou inconscientes que culminam em desvantagens ou privilégios, a depender do grupo racial ao qual pertençam.[40]

É importante enfatizar que, embora haja similaridade, o racismo difere dos conceitos de preconceito e discriminação racial. Enquanto o preconceito racial é o juízo construído por meio de estereótipos sobre indivíduos que pertençam a determinado grupo racializado, podendo ou não se refletir em práticas discriminatórias, a discriminação racial é a diferenciação de tratamento dado a membros de grupos racialmente identificados. A discriminação possui como requisito fundamental o poder, qual seja, a possibilidade do uso da força, o que torna possível a atribuição de vantagens ou desvantagens por conta da raça.

O racismo se materializa na discriminação racial e se constitui como um processo pelo qual os privilégios se distribuem entre os grupos raciais e se reproduzem em espaços econômicos, políticos e institucionais. Não se trata apenas de um ato discriminatório, pois a definição se dá a partir de seu caráter sistêmico. O racismo leva à segregação racial que presenciamos durante a história recente da humanidade: a divisão espacial de raças em guetos, bairros, periferias etc., durante, por exemplo, o *Apartheid* na África do Sul; as leis Jim Crown[41] nos EUA; e o sistema de

---

[39] ALMEIDA, S. L. de. *O que é racismo estrutural?* Belo Horizonte: Letramento, 2018, p. 19.

[40] ALMEIDA, S. L. de. *O que é racismo estrutural?* Belo Horizonte: Letramento, 2018, p. 25

[41] As leis conhecidas como Jim Crown são um conjunto de leis estaduais e locais do sul dos Estados Unidos da América que institucionalizaram a segregação racial no país, vigentes de 1876 a 1965.

CAPÍTULO I - ESCRAVIDÃO E RACISMO ESTRUTURAL

justiça carcerário estadunidense, conforme afirmam Angela Davis[42] e Michelle Alexander.[43] É objetivo deste trabalho destacar o modo pelo qual o sistema de justiça criminal brasileiro age, desde sua concepção, baseado na política sistêmica de discriminação racial.

O sistema colonial punitivista, com práticas ancoradas no racismo, consolidou sua identidade a partir do projeto de regulação da população negra e, desde então, nunca perdeu essa função primordial. As práticas estruturadas pelo racismo em todos os domínios da existência colonial são marcas significativas dos vínculos que nos relacionam a um mundo ibérico e que, às vésperas da decadência, não foram abandonadas após a declaração da independência do país. O Brasil, que possui heranças diretas do sistema colonial mercantilista, não rompeu, em seu sistema penal característico do Império, com o cerne do empreendimento colonial, arrastando, para um país que passaria a responder por seus atos na primeira pessoa, o ranço de um Direito Penal privado gestado no escravismo.[44]

O Brasil Colônia consolida suas relações sociais e abre espaço para o Império, que, por sua vez, reproduz a mesma lógica, com o espaço arquitetado para evitar qualquer ruptura com a ordem social, para sedimentar os privilégios constituídos no regime anterior e para consolidar, no projeto de controle da população negra, a prática do extermínio.

> Indispostas a partilhar qualquer dimensão das estruturas de poder e recusando-se a viver em um país com numerosa massa de seres inferiores, as elites construíram o Império como forma de preparar as condições para o descarte desses indesejáveis. Em última instância, o Império não só assumiu como sofisticou o projeto colonial.

---

[42] DAVIS, A. Y. *A Democracia da abolição*: para além do império das prisões e da tortura. Trad. Artur T. Neves. Rio de Janeiro: DIFEL, 2019.

[43] ALEXANDER, M. *A Nova segregação*: racismo e encarceramento em massa. Trad. Pedro Davoglio. São Paulo: Boitempo, 2017.

[44] FLAUZINA, A. L. P. *Corpo negro caído no chão*: sistema penal e o projeto genocida do estado brasileiro. Rio de Janeiro: Contraponto, 2008, pp. 64-65.

Constituindo a força política de maior peso na sustentação do edifício imperial, os proprietários rurais legitimaram a escravidão como instituto a ser resguardado pelo instrumental burocrático do novo Estado. Assim, a Constituição de 1824 manteve o regime escravista e atirou o espectro da cidadania para longe dos seres com *status* de mercadoria, confirmando a pactuação como a herança colonial.[45]

O sistema de justiça criminal da época, por meio do Código Criminal de 1830, inicia o projeto de criminalização da população negra, que, para todos os ramos do Direito, era considerada um patrimônio de seu senhor. Para o Direito Penal, no entanto, o negro era tratado como pessoa, sem que tivesse os direitos e garantias reservados aos demais cidadãos, e tendo, como penas, o açoite e a pena de morte, inclusive quando tentava salvar a própria vida, como era o caso do crime de insurreição:

INSURREIÇÃO

Art. 113. Julgar-se-ha commettido este crime, retinindo-se vinte ou mais escravos para haverem a liberdade por meio da força.

Penas – aos cabeças – de morte no gráo maximo; de galés perpetuas no médio; e por quinze annos no minimo; – aos mais – açoutes.

Art. 114. Se os cabeças da insurreição forem pessoas livres, incorrerão nas mesmas penas impostas, no artigo antecedente, aos cabeças, quando são escravos.

Art. 115. Ajudar, excitar, ou aconselhar escravos a insurgir-se, fornecendo-lhes armas, munições, ou outros meios para o mesmo fim.

Penas – de prisão com trabalho por vinte annos no gráo maximo; por doze no médio; e por oito no minimo[46] [*sic*].

---

[45] FLAUZINA, A. L. P. Corpo negro caído no chão: sistema penal e o projeto genocida do estado brasileiro. Rio de Janeiro: Contraponto, 2008, pp. 65-66.

[46] BRASIL. Casa Civil. Lei de 16 de dezembro de 1830. Manda executar o Codigo [sic] Criminal. Disponível em: <http://www.planalto.gov.br/ccivil_03/leis/lim/LIM-16-12-1830.htm>. Acesso em: 04.03.2019.

CAPÍTULO I - ESCRAVIDÃO E RACISMO ESTRUTURAL

Além disso, a Lei n. 4, de 10 de junho de 1835, determinava as penas para os escravos que matassem, ferissem, cometessem outra qualquer ofensa física contra seus senhores etc.:

> Art. 1º Serão punidos com a pena de morte os escravos ou escravas, que matarem por qualquer maneira que seja, propinarem veneno, ferirem gravemente ou fizerem outra qualquer grave offensa physica a seu senhor, a sua mulher, a descendentes ou ascendentes, que em sua companhia morarem, a administrador, feitor e ás suas mulheres, que com elles viverem.
>
> Se o ferimento, ou offensa physica forem leves, a pena será de açoutes a proporção das circumstancias mais ou menos aggravantes[47] [*sic*].

No Código de Processo Penal de 1832, também podemos observar diferenciação no tratamento entre os escravos, os quais, por exemplo, não poderiam sequer fazer denúncias contra seus senhores, como demonstra o art. 75, "Não serão admittidas denuncias [*sic*], §2º: "Do escravo contra o senhor".[48]

Sob o discurso de manutenção da ordem, a estrutura jurídica foi constituindo-se para controlar a população negra nas cidades. Em paralelo, o sistema jurídico, que até então era dominado pelas relações escravagistas no âmbito privado, passa a iniciar um deslocamento ao âmbito público, porém garantindo aos senhores o poder de verdadeiros agentes de execução penal. Surgiram então uma série de leis que visavam ao controle da população negra, seja em relação à proibição do culto

---

[47] BRASIL. Casa Civil. Lei n. 4, de 10 de junho de 1835. Determina as penas com que devem ser punidos os escravos que matarem, ferirem ou commetterem [*sic*] outra qualquer ofensa physica [*sic*] contra seus senhores, etc.; e estabelece regras para o processo. Disponível em: <http://www.planalto.gov.br/ccivil_03/leis/lim/LIM4.htm>. Acesso em: 04.03.2019.

[48] BRASIL. Casa Civil. Lei de 29 de novembro de 1832. Promulga o Codigo do Processo Criminal de primeira instancia com disposição provisoria ácerca da administração da Justiça Civil [*sic*]. Disponível em <http://www.planalto.gov.br/ccivil_03/leis/lim/LIM-29-11-1832.htm>. Acesso em: 04.03.2019.

religioso afro-brasileiro, seja em relação ao controle das atividades permitidas ou ainda do horário e de como andar nas ruas.

A sociedade brasileira passou por um processo de racialização carregado de conflitos e que influenciou a formulação dessas leis, afetando diretamente a população negra, uma vez que, apesar de não declarada, a racialização nas estruturas sociais brasileiras formou-se alicerçada em critérios discriminatórios, os quais enredaram a todos, negros e brancos, ricos e pobres, homens e mulheres da cidade e do campo, alfabetizados e analfabetos, do Estado e da sociedade civil. A transição de uma sociedade escravocrata para a abolição intensificou esses conflitos, refletidos na formulação das leis.

O poder público, por meio da proliferação de leis municipais que regulamentavam o cotidiano do segmento negro, demonstrava sua ingerência sobre esse povo e a necessidade de dar uma resposta a isso. As leis foram criadas como forma de delimitar a ascensão social dos negros libertos e controlar os espaços de circulação e ocupação da cidade. Determinavam, por exemplo, a proibição de os escravos viverem longe do jugo dos senhores dentro das cidades e de seus subúrbios, sem a devida autorização da autoridade policial, como é o caso da Lei n. 454 de 1860, da Câmara Municipal de Alegrete.

A Câmara Municipal de São João do Monte Negro, pela Lei n. 1.030 de 1876, proibia aos escravos administrar ou vender casas públicas de negócio, demarcando restrição ao acesso a certos postos no mercado de trabalho. Nessa lei havia também a expressa proibição de os escravos serem proprietários de imóveis, cuja pena de multa recaía sobre a pessoa que vendesse o local. Na mesma linha, a Câmara Municipal de Santo Amaro, pela Lei n. 420 de 1883, controlava a circulação dos escravos, prendendo por doze horas aqueles que estivessem nas ruas após o toque de recolher sem a devida autorização dos senhores[49]. O controle do modo de vida da população negra, seja ela escrava ou livre, como se observa a partir desses exemplos legislativos, foi pauta prioritária da política imperial.

---

[49] FLAUZINA, A. L. P. *Corpo negro caído no chão*: sistema penal e o projeto genocida do estado brasileiro. Rio de Janeiro: Contraponto, 2008, pp. 69-70.

CAPÍTULO I - ESCRAVIDÃO E RACISMO ESTRUTURAL

Dentre as leis voltadas para o controle, deve-se destacar a lei que criminaliza a vadiagem e a mendigagem, regulamentada nos artigos 295 e 296 do Código Criminal de 1830:

> Art. 295. Não tomar qualquer pessoa uma occupação honesta, e util, de que passa subsistir, depois de advertido pelo Juiz de Paz, não tendo renda sufficiente.
>
> Pena – de prisão com trabalho por oito a vinte e quatro dias.
>
> Art. 296. Andar mendigando:
>
> 1º Nos lugares, em que existem estabelecimentos publicos para os mendigos, ou havendo pessoa, que se offereça a sustental-os.
>
> 2º Quando os que mendigarem estiverem em termos de trabalhar, ainda que nos lugares não hajam os ditos estabelecimentos.
>
> 3º Quando fingirem chagas, ou outras enfermidades.
>
> 4º Quando mesmo invalidos mendigarem em reunião de quatro, ou mais, não sendo pai, e filhos, e não se incluindo tambem no numero dos quatro as mulheres, que acompanharem seus maridos, e os moços, que guiarem os cégos.
>
> Penas – de prisão simples, ou com trabalho, segundo o estado das forças do mendigo, por oito dias a um mez[50] [sic].

A criminalização do dito mendigo e vadio é um dos maiores símbolos da política imperial em relação ao tratamento à população negra. De um lado, os trabalhadores escravos, controlados por seus senhores, tidos como objetos, e de outro, os libertos que, mesmo escapando da coisificação do escravismo, eram igualmente controlados pelo poder hegemônico pelo encarceramento a partir da criminalização da vadiagem e da mendigagem.

A lei mencionada transfere os negros da tutela dos senhores diretamente para a tutela do Estado, que passa a ser o soberano e detém o controle da vida e dos corpos dos escravos, mesmo após a abolição. Aos

---

[50] BRASIL. Casa Civil. Lei de 16 de dezembro de 1830. Manda executar o Codigo [sic] Criminal. Disponível em: <http://www.planalto.gov.br/ccivil_03/leis/lim/LIM-16-12-1830.htm>. Acesso em: 04.03.2019.

1.3 Resistência negra e o movimento abolicionista

negros, foi negada a possibilidade de uma liberdade sem as amarras da vigilância. Afastados da cidadania, a eles, a sociedade imperial delegou apenas dois papéis: o de escravo ou o de criminoso.

1.3 Resistência negra e o movimento abolicionista

Os conflitos sociais geraram resistência, e a resistência transformou a realidade. Dos movimentos dos escravos contra a escravidão, o Quilombo dos Palmares é o mais conhecido e estudado, símbolo de resistência e luta dos negros durante o período escravocrata. Foi o que mais tempo durou, ocupou a maior faixa territorial e mais resistiu ao extermínio por parte das autoridades. Entretanto, não foi o primeiro e nem o único quilombo construído no Brasil.

A resistência esteve presente em todo o período escravocrata, seja no colonial ou durante o Império, desde a chegada do primeiro africano em nossas terras. Diversas revoltas e fugas aconteceram e, quando os escravos encontravam um local onde podiam se organizar e se proteger, criavam os quilombos, espaços de proteção, resistência e sobrevivência dos negros que fugiam dos engenhos.

Clovis Moura, em *Rebeliões da senzala*, afirma que o quilombo foi a unidade básica de resistência do escravo e um elemento de desgaste do regime servil. Fosse pequeno ou grande, de vida precária ou estável, o quilombo era encontrado em toda e qualquer região em que havia escravidão. O fenômeno não era único, tampouco restrito a determinada área geográfica, como a dizer que somente poderia se afirmar em determinados locais, por circunstâncias mesológicas favoráveis, conforme escreve Moura:

> O quilombo aparecia onde quer que a escravidão surgisse. Não era simples manifestação tópica. Muitas vezes surpreende pela capacidade de organização, pela resistência que oferece; destruído parcialmente dezenas de vezes e novamente aparecendo, em outros locais, plantando a sua roça, constituindo suas casas, reorganizando a sua vida social e estabelecendo novos sistemas de defesa. O quilombo não foi, portanto, apenas um fenômeno

CAPÍTULO I - ESCRAVIDÃO E RACISMO ESTRUTURAL

esporádico. Constituía-se em fato normal dentro da sociedade escravista. Era reação organizada de combate a uma forma de trabalho quanto qual se voltava o próprio sujeito que a sustentava.[51]

Enquanto manifestação de resistência, os quilombos surgiam, portanto, onde quer que a escravidão surgisse, sendo um elemento natural da sociedade escravista. Inspirando-se nas comunidades africanas, os quilombos se formaram como estratégias de repulsa à estrutura escravocrata. Com a formação de uma estrutura política em que laços de solidariedade e o uso coletivo eram determinantes, implementava-se uma nova forma de vida. Os quilombos eram lugares onde as religiões de matriz africana podiam ser praticadas sem repressão; em que as relações de opressão e crueldade, às quais os escravos eram submetidos nas fazendas, não existiam; onde a cultura negra era cultivada e cultuada. Existem informações sobre a existência de quilombos desde o século XVI, e estes se tornaram um importante território de luta e resistência dos escravizados, com um valor histórico que perdura até os dias de hoje.

Em complemento aos quilombos, havia a resistência que ocorria nas revoltas planejadas e consumadas pelos escravos, como a Revolta das Chibatas, dos Malês, a Balaiada, bem como as guerrilhas que se proliferavam em diversos locais nos quais os quilombos apareciam.

> Mesmo numerosa, a guerrilha tinha outros objetivos: o quilombo aglutinava os elementos que fugiam e procurava dar-lhes estrutura organizativa estável e permanente. (...)
>
> A guerrilha era extremamente móvel. Por isso mesmo, numerosa. Atacava as estradas, roubando mantimentos e objetos que os quilombos não produziam. Eram seus componentes também sentinelas avançadas dos quilombos, refregando com as tropas legais, os capitães-do-mato e os moradores das vizinhanças.[52]

---

[51] MOURA, C. *Rebeliões da senzala*. São Paulo: Livraria Editora Ciências Humanas,1981, p. 87.

[52] MOURA, C. *Rebeliões da senzala*. São Paulo: Livraria Editora Ciências Humanas,1981, p. 87.

A dinâmica da sociedade brasileira, no processo de passagem da escravidão para a abolição, teve no quilombola e nas revoltas organizadas pelos negros que fugiram, junto às ações institucionais e pressões internacionais, o acúmulo de forças para garantir o fim da escravidão em 1888.

O processo de abolição foi lento e gradual. Durante três séculos, a escravidão foi praticada sem que as classes dominantes questionassem a legitimidade do cativeiro. Havia quem, inclusive, argumentasse que a escravidão servia como a salvação para os negros africanos, pois tornava possível a conversão para o catolicismo e lhes abria as portas da salvação eterna. Costa, em *A Abolição*, discute como essas ideias permitiam aos senhores de engenho explorar os negros sem nenhum problema de consciência:

> A ordem social era considerada expressão dos desígnios da Providência Divina e, portanto, não era questionada. Acreditava-se que era a vontade de Deus que alguns nascessem nobres, outros vilões, uns ricos, outros pobres, uns livres outros escravos. De acordo com essa teoria, não cabia aos homens modificar a ordem social. Assim, justificada pela religião e sancionada pela Igreja e pelo Estado – representantes de Deus na terra –, a escravidão não era questionada. A igreja limitava-se a recomendar paciência aos escravos e benevolência aos senhores.[53]

Essas doutrinas, porém, foram abaladas a partir do século XVIII, com a ascensão do Liberalismo na Europa e o início da formação da sociedade capitalista. Com o Iluminismo, a Igreja começa a perder o espaço que ocupava para a lógica e a razão provindas do conhecimento do homem. A burguesia, por sua vez, questionava o poder do soberano e criticava a teoria de atribuição de poder divino aos reis, bem como defendia a soberania dos povos. Lutava por formas representativas de governo e, além disso, afirmava que eram direitos naturais dos homens a igualdade, a propriedade e a igualdade de todos perante a lei. Esse movimento na Europa teve seus reflexos no Brasil, como afirma Costa:

---

[53] COSTA, E. V. da. *A Abolição*. São Paulo: Global Ed., 1982, p. 17.

CAPÍTULO I - ESCRAVIDÃO E RACISMO ESTRUTURAL

No pensamento revolucionário do século XVIII encontram-se as origens teóricas do abolicionismo. Até então, a escravidão fora vista como fruto dos desígnios divinos; agora ela passaria a ser vista como criação da vontade dos homens, portanto, transitória e revogável. Enquanto no passado, considerara-se a escravidão um corretivo para os vícios e ignorâncias dos negros, via-se agora, na escravidão, a sua causa. Invertiam-se, assim, os termos da equação. Passou-se a criticar a escravidão em nome da moral, da religião e da racionalidade econômica. Descobriu-se que o cristianismo era incompatível com a escravidão; o trabalho escravo, menos produtivo do que o livre; e a escravidão uma instituição corruptora da moral e dos bons costumes.[54]

No Brasil, foram as pressões internacionais, somadas às revoltas que ocorriam aqui e às ações de abolicionistas, como as do advogado Luiz Gama, que tornaram o processo abolicionista uma realidade, embora as classes dominantes brasileiras tenham transformado a abolição em processo lento e por etapas.

A primeira delas foi a proibição do tráfico de escravos, por pressão da Inglaterra, com a Lei de 7 de novembro de 1831,[55] que declarou livre os escravos advindos de fora do Império e determinou duras penas aos mercadores de escravos. Estes deveriam ser reexportados para suas terras, enquanto os exportadores deveriam responder pela legislação criminal da época. A lei também caracterizava o importador de escravos e estabelecia multas e penalidades aos mercadores.

No entanto, essa lei passou a ser conhecida como "lei para inglês ver", pois nos anos que se sucederam, o ritmo do tráfico de escravos, em vez de acabar, aumentou relativamente, para o incômodo dos representantes britânicos no Brasil:

---

[54] COSTA, E. V. da. A Abolição. São Paulo: Global Ed., 1982, p. 18.

[55] BRASIL. Lei de 7 de novembro de 1831. Declara livres todos os escravos vindos de fôra do Imperio [*sic*], e impõe penas aos importadores dos mesmos escravos. Disponível em: <http://www2.camara.leg.br/legin/fed/lei_sn/1824-1899/lei-37659-7-novembro-1831-564776-publicacaooriginal-88704-pl.html>. Acesso em: 04.03.2019.

A lei de 1831, no entanto, foi simplesmente ignorada. Para grande irritação dos representantes britânicos no Brasil, o número de escravos introduzidos no país anualmente aumentou ainda mais. Entre 1831 e 1850, quando uma nova lei foi aprovada reiterando a proibição do tráfico, mais de meio milhão de escravos foram introduzidos no país, em total desrespeito à lei de 1831. Embora ilegal, o tráfico continuava sendo considerado legitimo pela maioria da população. Fortunas enormes continuavam a ser feitas à custa do tráfico de escravos e negreiros ilustres continuavam a circular entre as elites da época.[56]

Com o fracasso da lei que proibia o tráfico de escravos em um cenário de crescente pressão para acabar com o sistema escravocrata, o governo empenhou-se em aprovar uma nova lei que impunha penas mais severas aos contrabandistas. A Lei n. 581, de 4 de setembro de 1850,[57] conhecida como Lei Eusébio de Queiroz, passou a tipificar como crime de pirataria o mercado de escravos pelo tráfico negreiro. A legislação passa a caracterizar como criminosos todos aqueles que de alguma forma se envolviam com o mercado do tráfico, além de aumentar a quantidade dos prêmios de captura.

A Lei Eusébio de Queiroz também aumentou o controle sobre o serviço dos africanos livres, que não puderam mais ser vendidos. Apesar das inúmeras dificuldades, os resultados foram melhores e o tráfico de escravos tornou-se cada vez mais raro, acabando por cessar completamente.

Importante destacar que, junto à Lei Eusébio de Queiroz, foi promulgada a Lei 601 de 1850,[58] conhecida como Lei de Terras, que passou a regulamentar a aquisição de terras no país. Com o fim do tráfico

---

[56] COSTA, E. V. da. *A Abolição*. São Paulo: Global Ed., 1982, p. 27.

[57] BRASIL. Casa Civil. Lei n. 581, de 4 de setembro de 1850. Estabelece medidas para a repressão do trafico [sic] de africanos neste Imperio [*sic*]. Disponível em: <http://www.planalto.gov.br/ccivil_03/leis/LIM/LIM581.htm>. Acesso em: 04.03.2019.

[58] BRASIL. Casa Civil. Lei n. 601, de 18 de setembro de 1850. Dispõe sobre as terras devolutas do Império. Disponível em: < http://www.planalto.gov.br/ccivil_03/LEIS/L0601-1850.htm>. Acesso em: 04.03.2019.

CAPÍTULO I - ESCRAVIDÃO E RACISMO ESTRUTURAL

negreiro, a aquisição de terras passa a ser constituída como a fonte de riqueza, o que cabia até então ao comércio do trabalho escravo. Anna Lyvia Ribeiro, em sua dissertação de mestrado, destaca que:

> Os fatores históricos aqui evidenciados permitem descortinar a interligação entre o fim do tráfico negreiro, a importação de mão de obra com a consequente migração do trabalho escravo para o trabalho livre e/ou assalariado, e a restrição do acesso à terra. Constata-se, assim, a influência direta da migração do trabalho escravo para o trabalho livre e/ou assalariado no ato estatal de restringir o acesso à terra no Brasil. A partir da legislação fundiária de 1850, para a terra foi transferida a característica de mercadoria, até então atribuída ao escravo africano no contexto do tráfico.[59]

A criminalização do tráfico teve impacto imediato no preço dos escravos e levou os fazendeiros a procurar alternativas para a falta de mão de obra, iniciando-se um processo de contratação de homens livres, junto a um intenso fluxo emigratório de famílias europeias para o Brasil.

O aumento demográfico da Europa e os conflitos em torno da unificação da Itália e Alemanha geraram uma grande demanda por imigrantes no Brasil. Inicia-se, a partir daí, a utilização de mão de obra assalariada, que ocuparia as vagas de trabalho nas lavouras, até então a cargo dos negros escravizados.

Houve conflitos no início fundamentalmente pelo fato de os imigrantes serem submetidos a uma semiescravidão decorrente dos vícios do sistema escravagista, aos quais os senhores de engenho estavam acostumados. Alguns anos depois, surgiria a ideia de intelectuais adeptos a teses de determinismo biológico, que defendiam a presença dos europeus a fim de garantir um "branqueamento" da população brasileira, o que elevaria o *status* social do país.

---

[59] RIBEIRO, A. L. R. C. *Racismo Estrutural e Aquisição da Propriedade*: uma ilustração na cidade de São Paulo. São Paulo: Editora Contracorrente, 2020.

A pressão para a abolição da escravidão foi tornando-se maior. Diversos projetos de lei foram criados e cada vez mais escravos conquistavam a liberdade em ações judiciais, fugas ou pela compra da liberdade.

Durante a Guerra do Paraguai, o governo brasileiro anunciou que decretaria a liberdade aos escravos que fossem designados ao serviço militar, estendendo, inclusive, o direito à liberdade para suas mulheres. Muitos escravos foram alforriados para se alistar, bem como escravos fugidos se alistaram, sendo considerados livres ao fim da guerra. Os senhores que tentavam recapturar seus escravos eram impedidos pelas autoridades:

> Um aviso do Ministério Público da Justiça, datado de 9 de fevereiro de 1870, declarava que um indivíduo que se achava há mais de três anos no gozo de sua liberdade, e como livre serviria na Armada, não só não deveria ser entregue à sua senhora que o reclamava como escravo, como deveria ser imediatamente posto em liberdade. Nesse mesmo ano, o Chefe de Polícia de São Paulo expedia uma circular nos seguintes termos: 'Não devendo voltar à escravidão os indivíduos de condição servil que fizeram parte de nosso Exército na Guerra do Paraguai, embora se alistassem ocultando sua verdadeira condição. É dever providenciar no sentido de serem restituídos à liberdade, pondo a salvo de seus supostos senhores o direito de reclamar do Governo imperial a indenização com a prova de domínio, a fim de que não se repita o fato de Paraíba do Sul, de ser um voluntário da Pátria, violentamente preso e conduzido para o poder de um particular que se dizia seu senhor e que só fora afinal posto em liberdade pela intervenção da autoridade.[60]

Nesse ponto, destaco a perversidade do Estado brasileiro e a caracterização de seu projeto genocida, pois milhares de negros foram para a guerra em busca da liberdade e acabaram assassinados em combate. Conforme Emilia Viotti Costa:

---

[60] COSTA, E. V. da. *A Abolição*. São Paulo: Global Ed., 1982, pp. 43-44.

CAPÍTULO I - ESCRAVIDÃO E RACISMO ESTRUTURAL

> (...) a pauta do extermínio que subsidia o processo de arianização do Brasil na Guerra do Paraguai (1864-1870) deve ser levada em conta. De 1860 a 1870, a população negra foi reduzida em um milhão de pessoas, em termos absolutos. As mortes causadas por uma guerra vista como "a solução final para o problema do negro", usado nas frentes de batalha, também causou muitas mortes pela sobrecarga dos escravizados no aumento da quantidade de trabalho e pelas doenças contagiosas, entre outros fatores. (...)
>
> Nesse campo minado, formatado pela elite imperial, se pode perceber o surgimento do projeto de controle e, especialmente, extermínio da população negra, nos açoites públicos ou nas prisões, na vigilância cerrada à movimentação nas cidades, numa política de imigração que exclui trabalhadores das melhores oportunidades e visa a eliminá-los pela mistura racial e na guerra, que esconde a morte sob a promessa de libertação.[61]

Dessa maneira, a materialização da abolição, além de se dar de modo gradual, consolidou-se por meio de um projeto de extermínio da população negra.

Logo após o final da Guerra do Paraguai, em 1871, apresentou-se um projeto que mais tarde seria convertido na Lei n. 2.040, de 28 de setembro de 1871,[62] conhecida como Lei do Ventre Livre, declarando livre todos os filhos das mulheres que estivessem em condição de escrava e que nascessem a partir da promulgação da lei.

Segundo o documento, os filhos deveriam ficar sob o poder e autoridade do senhor até os oito anos de idade. A partir daí, o senhor teria a opção de indenização, ao entregar a criança ao Estado, ou usar os serviços do menor até os vinte e um anos de idade. Determinou-se, além disso, que o excesso de castigos faria cessar serviços.

---

[61] COSTA, E. V. da. *A Abolição*. São Paulo: Global Ed., 1982, pp. 77.

[62] BRASIL. Casa Civil. Lei 2.040, de 28 de setembro de 1871. Declara de condição livre os filhos de mulher escrava que nascerem desde a data desta lei, libertos os escravos da Nação e outros, e providencia sobre a criação e tratamento daquelles filhos menores e sobre a libertação annaul de escravos. [*sic*]. Disponível em: <http://www.planalto. gov.br/ccivil_03/leis/LIM/LIM2040.htm>. Acesso em: 04.03.2019.

A Lei do Ventre Livre reconhece ao escravo o direito de constituir pecúlio e cria as juntas de alforria para fiscalização; reconhece o direito à alforria por diversos meios e regula a anulação de alforrias; reconhece a família escrava, não permitindo dividi-la; declara libertos os escravos da nação, os escravos dados ao usufruto da Coroa, os escravos das heranças vagas e os abandonados por seus senhores.

Ao criar a Matrícula Geral dos Escravos, a mesma lei determina que os senhores eram obrigados a registrar nominalmente cada escravo, declarando sua filiação, origem e valor, sob pena de aquela pessoa ser declarada livre. Os escravos cuja idade expressasse sua entrada no país depois de 1831 eram considerados livres.

Com o passar dos anos, a população escrava, principalmente no meio urbano, diminuiu drasticamente, em razão da proibição do tráfico, do aumento do preço dos escravos e da pressão internacional para a abolição, entre outros fatores, como aponta Emilia Viotti da Costa:

> A diminuição da população escrava nos núcleos urbanos devia-se a vários fatores. A alta dos preços de escravos e a demanda nas zonas rurais levaram muitos proprietários de escravos, que viviam nas cidades, a venderem seus escravos para as zonas rurais. Também nas cidades, em virtude das inúmeras atividades nas quais o escravo se envolvia, era-lhe mais fácil acumular o pecúlio necessário para compra de sua liberdade. Era também nas cidades que o movimento abolicionista se organizava. As associações abolicionistas promoviam quermesses, leilões de prendas e outras atividades similares, arrecadando fundos para a emancipação. Tudo isso contribuía para aumentar o número de alforrias. É provável, também, que nas cidades a mortalidade dos escravos fosse mais alta. Mas qualquer que tenha sido a razão, o fato é que, com a diminuição da população escrava nos núcleos urbanos, aumentava as oportunidades para os trabalhadores livres. Dessa forma, a população das cidades se tornava menos dependente do trabalho escravo. E mais disposta a dar ouvidos a propaganda abolicionista.[63]

---

[63] COSTA, E. V. da. *A Abolição*. São Paulo: Global Ed., 1982, p.52.

CAPÍTULO I - ESCRAVIDÃO E RACISMO ESTRUTURAL

O abolicionismo foi ganhando mais apoiadores, e os debates em torno da Lei do Ventre Livre resultaram, em setembro de 1885, na Lei n. 3.270,[64] conhecida como Lei do Sexagenário, regulando a gradual extinção do elemento servil da escravidão e tomando como base a matrícula de 1873, especialmente no que diz respeito à declaração de idade.

A Lei do Sexagenário estabeleceu uma tabela decrescente de valor do escravo, de acordo com a idade. Nessa tabela, as mulheres valiam 25% a mais que os homens. A lei também ampliou o Fundo de Emancipação ao criar uma taxa adicional de 5% sobre todos os impostos (exceto sobre o de exportação), taxa assim dividida: 1/3 para emancipar escravos mais velhos; 1/3 para incentivar proprietários interessados a implantar o trabalho livre, pagando-se 50% do valor de todos os seus escravos; e 1/3 para subvencionar a colonização por imigrante no país. Os escravos matriculados perdiam anualmente o valor, de acordo com uma tabela progressiva, até o limite de 12% em treze anos.

A lei também tornou livre os escravos com mais de sessenta anos de idade, completados antes ou depois da lei. Porém, os mesmos eram obrigados a prestar três anos de serviços, excetuando-se os com sessenta e cinco anos ou mais. Os senhores eram obrigados a manter e cuidar destes. A lei, contudo, beneficiou poucos escravos, pois raros eram os que conseguiam chegar a essa idade.

Da conjugação de interesses externos, pressão interna e decadência da escravidão no país, em 13 de maio de 1888, promulgou-se a Lei 3.353[65], conhecida como Lei Áurea, declarando extinta a escravidão no Brasil. Vale reforçar que o Brasil foi o último país do continente americano a abolir completa e oficialmente a escravatura.

---

[64] BRASIL. Lei 3.270, de 28 de setembro de 1885. Regula a extincção [*sic*] gradual do elemento servil. Disponível em: <http://legis.senado.gov.br/legislacao/ListaPublicacoes.action?id=66550>. Acesso em: 04.03.2019.

[65] BRASIL. Casa Civil. Lei 3.353, de 13 de maio de 1888. Declara extinta a escravidão no Brasil. Disponível em: <http://www.planalto.gov.br/ccivil_03/leis/LIM/LIM3353.htm>. Acesso em: 04.03.2019.

A escravidão negra, que se manteve até 1888 no Brasil, estruturou um sistema penal cruel que articulou o Direito Penal privado-doméstico com o Direito Penal público, tanto no plano informal, pelo encobrimento das violências sofridas pelos negros, quanto no formal, pela execução de penas por agentes públicos de uma pena doméstica ou pela vigilância e execução de pena pública corporal. Essa articulação é assim descrita por Flauzina:

> O retrato do sistema penal do Império está vinculado até o último fio de cabelo aos destinos da população negra brasileira. E, se as bases do controle e da inviabilização social desse contingente estavam se sedimentando, as do extermínio também operavam com vigor. (...) A agenda assumida pelo Estado brasileiro, genocida, começou a se delinear, portanto, em torno desse momento da vida política do país em que a liberdade da massa negra estava se materializando concreta e simbolicamente. Nessa perspectiva, que sinaliza para a mudança do paradigma de conservação para outro de descarte do contingente populacional, a política de branqueamento em curso e o adiamento da Abolição da escravatura, caminhando em sintonia com as práticas penais, são dois fatores a serem analisados.[66]

O racismo, como ideologia, nos quase quatro séculos de exploração nos moldes da tutela colonial, dá o tom de nossas relações, divide os espaços, dita quem tem ou não humanidade, determina as possibilidades sociais. Sendo assim, o Império, pautado pela manutenção de um projeto segregacionista, transformou-se em um projeto de extermínio com o fim das relações escravistas.

A abolição da escravidão foi uma vitória importante que transformou a realidade brasileira, porém, à Lei Áurea, não sucedeu nenhuma política de inserção da população negra liberta na sociedade; pelo contrário, uma série de ações segregacionistas foram empreendidas para escancarar a discriminação consolidada no período escravocrata. O

---

[66] FLAUZINA, A. L. P. *Corpo negro caído no chão*: sistema penal e o projeto genocida do estado brasileiro. Rio de Janeiro: Contraponto, 2008, p. 73.

CAPÍTULO I - ESCRAVIDÃO E RACISMO ESTRUTURAL

Código Penal de 1890[67], por exemplo, criminalizou a "Capoeira e a Vadiagem". A falta de reparação histórica teve, como consequência, a manutenção das estruturas sociais escravistas na sociedade pós-abolição. Dennis de Oliveira, ao prefaciar a obra de Clovis Moura, comenta:

> (...) em nenhum momento, neste processo de transição, houve uma aliança entre a burguesia e a classe proletária brasileira para um projeto de modernização das estruturas arcaicas. A produção de riquezas obtida via a super-exploração do trabalho permaneceu no novo sistema, e a existência de uma grande "massa" de excluídos, como um grande "exército de reserva de mão de obra", cumpre o papel de manter rebaixados os valores pagos ao trabalho. As instituições políticas derivadas deste modelo são configuradas como mecanismos de manter reprimidos violentamente os movimentos de contestação, daí que o conceito de "cidadania", que se origina nos projetos republicanos, longe está da concepção universalista das experiências das revoluções burguesas do século XVIII.[68]

Ou seja, a abolição não marca o fim da exploração da população negra no Brasil, mas consolida as estruturas sociais racistas na sociedade pós-abolição, dado que não houve políticas de reparação imediata. Nesse período, o projeto de criminalização e extermínio da população negra permaneceu vigente, mantendo as estruturas de poder.

As relações de poder, intrínsecas às instituições, consolidaram a manutenção da hegemonia de determinados grupos, de modo a garantir seus interesses políticos, sociais e econômicos, com a definição de regras e condutas naturalizadas na sociedade. Por meio de princípios discriminatórios pautados na raça, esses grupos continuaram a exercer o seu domínio, estabelecendo normas culturais e sociais,

---

[67] BRASIL. Casa Civil. Decreto n. 847, de 11 de outubro de 1890. Promulga o Codigo [sic] Penal. Disponível em: <http://www.planalto.gov.br/ccivil_03/decreto/1851-1899/D847.htm>. Acesso em: 07.09.2019.

[68] OLIVEIRA, D. Prefácio. In: MOURA, C. *Dialética radical do Brasil negro*. São Paulo: Fundação Maurício Grabois; Editora Anita Garibaldi, 2014, p. 17.

que são transformadas em uma única perspectiva civilizatória de sociedade, determinante da estrutura social.

> Em outras palavras, é no interior das regras institucionais que os indivíduos se tornam sujeitos, visto que suas ações e seus comportamentos são inseridos em um conjunto de significados previamente estabelecidos pela estrutura social. Assim, as instituições moldam o comportamento humano, tanto do ponto de vista das decisões e do cálculo racional, como dos sentimentos e preferências.[69]

Esses princípios discriminatórios são produzidos e difundidos de maneira poderosa, naturalizando a hegemonização e eliminando o debate sobre as desigualdades raciais e de gênero que compõem as instituições. Como estas são a materialização das formas de vida social, elas podem ser caracterizadas como um somatório de normas, padrões e técnicas de controle que, por serem uma parte da sociedade, carregam em si os conflitos e lutas entre os indivíduos e grupos que querem assumir o controle das instituições.

Nesse sentido, os conflitos raciais também fazem parte das instituições e, portanto, a desigualdade racial é uma característica da estrutura social, não apenas por ações isoladas de pessoas ou grupos, mas essencialmente porque as instituições são hegemonizadas por determinados grupos que se utilizam de mecanismos institucionais para sobrepor seus interesses econômicos e políticos a todos. A utilização do termo hegemonia se refere ao fato de que o grupo dominante enfrenta resistências e que, para lidar com os conflitos, deverá assegurar-se do controle da instituição, não somente por meio do uso da violência, mas também pela construção de consensos sobre sua dominação. Assim, as concessões devem ser feitas para que questões essenciais, como o controle da economia e das decisões fundamentais da política, permaneçam no grupo hegemônico.

---

[69] ALMEIDA, S. L. de. *O que é racismo estrutural?* Belo Horizonte: Letramento, 2018, p. 30.

CAPÍTULO I - ESCRAVIDÃO E RACISMO ESTRUTURAL

O racismo no Brasil possui uma relação intrínseca com a constituição da nossa sociedade de hoje e nossa cultura, determinando todas as nossas relações sociais e institucionais. Tudo isso se opera com base nos séculos de opressão e criminalização a que a população negra vem sendo submetida, e de perpetuação das violências com o passar dos anos, por meio de mecanismos de dominação produzidos pelo Estado, o qual se mostra, por sua vez, essencial inclusive para a consolidação do sistema capitalista no país:

> (...) o racismo é construído a partir do imaginário social de inferioridade, seja intelectual ou moral, de uma raça em face de outra (sendo que a raça dominadora não aparecerá como raça, mas sim como "seres humanos" ou apenas pessoais "normais"). O racismo, portanto, não é um ato isolado de preconceito ou um "mal-entendido"; o racismo é um processo pessoal de assujeitamento, em que as práticas, o discurso e a consciência dos racistas e das vítimas do racismo, são produzidos e reproduzidos socialmente.[70]

A violência sistemática à qual a população negra foi submetida ao longo de nossa história – e continua a ser em pleno século XXI – só é possível por ser sustentada pelo poder estatal, direta ou indiretamente, por meio, por exemplo, da criação de leis que criminalizaram a "vadiagem", o curandeirismo e a capoeira. São essas leis que, no final do século XIX, iniciaram um processo de encarceramento em massa da população negra, através da violência que assola a juventude negra até hoje, a maior vítima dos índices da letalidade policial, índices que aumentam a cada ano. No primeiro semestre de 2017, quatrocentas e cinquenta e nove pessoas foram assassinadas pela Polícia Militar, sendo a maioria jovens negros.[71]

---

[70] ALMEIDA, S. L. Estado, Direito e análise materialista do racismo. In: KASHIRA JUNIOR, C. O.; AKAMINE JUNIOR, O; MELLO, T. de (Org.). *Para a crítica do Direito*: reflexões sobre teorias e práticas jurídicas. São Paulo: Outras Expressões; Dobra Universitário, 2015. Disponível em: <https://grupodeestudosracismoecapitalismo.files.wordpress.com/2017/05/silvio-de-almeida-estado-direito-e-anc3a1lise-materialista-do-racismo.pdf>. Acesso em: 25.07.2019.

[71] NÚMERO de pessoas mortas pela polícia de SP no semestre é o maior em 14 anos;

1.4 Racismo estrutural

O racismo possui o poder como elemento central e é essencialmente caracterizado pela dominação. Há variadas definições de racismo; neste livro, utilizamos as três concepções destacadas por Silvio de Almeida em sua elaboração sobre racismo: o racismo individual, o racismo institucional e o racismo estrutural.[72]

O conceito de racismo individual diz respeito à relação estabelecida entre racismo e subjetividade. Nesse caso, é tratado como uma patologia de cunho individual ou coletivo atribuída a determinadas pessoas. Ocorre por meio da discriminação racial, sendo, portanto, uma concepção frágil, já que ignora contextos históricos e reflexões sobre os efeitos do racismo na sociedade.

A concepção institucional refere-se à relação estabelecida entre racismo e Estado, ampliando a ideia existente de racismo apenas como comportamento individual. Ocorre por meio dos efeitos causados pelo modo de funcionamento das instituições, que assentem privilégios a determinados grupos sociais de acordo com a raça. As instituições regulamentam e estabelecem as normas e os padrões que devem se refletir em práticas dos sujeitos, definindo seus comportamentos, modo de pensar, concepções e preferências. Com base nessa ideia, "as instituições são a materialização das determinações formais na vida social"[73] e derivam das relações de conflitos, disputas e poder entre aqueles que buscam admitir o domínio da instituição.

Na visão institucionalista, o racismo não está aparte do projeto político e de condições sociais e econômicas específicas, pois os conflitos intra e interinstitucionais levam a alterações no modo de funcionamento

---

mortes em folga são recorde. *Portal G1*. São Paulo. 27 jul. 2017. Disponível em: <https://g1.globo.com/sao-paulo/noticia/numero-de-pessoas-mortas-pela-policia-no-semestre-e-o-maior-em-14-anos-mortes-em-folga-sao-recorde.ghtml>. Acesso em: 25.07.2019.

[72] ALMEIDA, S. L. de. *O que é racismo estrutural?* Belo Horizonte: Letramento, 2018.

[73] ALMEIDA, S. L. de. *O que é racismo estrutural?* Belo Horizonte: Letramento, 2018, p. 30.

CAPÍTULO I - ESCRAVIDÃO E RACISMO ESTRUTURAL

das instituições, as quais, para permanecerem estáveis, devem contemplar demandas e interesses dos grupos sociais que não estão no controle.

> O efeito disso é que o racismo pode ter sua forma alterada pela ação ou pela omissão dos poderes institucionais – Estado, escola etc. –, que podem tanto modificar a atuação dos mecanismos discriminatórios, como também estabelecer novos significados para a raça, inclusive, atribuindo certas vantagens sociais a membros de grupos raciais historicamente discriminados.[74]

O que observamos no Brasil hoje é a reprodução do racismo institucional no Poder Judiciário, composto por uma maioria branca, de classe média alta e que interfere diretamente na vida de milhares de pessoas pobres e negras. O mesmo acontece quando analisamos o Congresso Nacional, que deveria representar o povo, mas não reflete a diversidade da sociedade brasileira em sua composição, muito menos em suas decisões. Um exemplo é a Reforma Trabalhista aprovada em 2018 que atinge diretamente a população negra e mais pobre, subtraindo-lhe direitos e precarizando as relações de trabalho em favor do lucro e demais vantagens para o grupo dominante.

O racismo institucional também se reproduz nas universidades, as quais, apesar da adoção de algumas políticas afirmativas, como cotas ou bolsas de estudo, não estão preparadas para receber estudantes de baixa renda, pois seu entorno não apresenta estrutura para receber tais alunos. Muitas vezes, eles sequer possuem recursos para o transporte e a alimentação, assim como para adquirir os materiais necessários aos estudos. Dessa forma, percebemos que, por conta do racismo institucional, as políticas afirmativas, que buscam pontualmente gerar discriminação positiva, não são suficientes para garantir que o grupo dominado usufrua de fato dos benefícios das instituições. Vale, aqui, fazer um relato na minha experiência: estudei na Faculdade de Direito da Universidade Presbiteriana Mackenzie, uma renomada instituição privada da cidade

---

[74] ALMEIDA, S. L. de. O que é racismo estrutural? Belo Horizonte: Letramento, 2018, p. 32.

de São Paulo. Minha sala tinha cerca de sessenta alunos e, destes, apenas três eram negros; dos mais de duzentos professores, apenas quatro eram negros. Quando observava as trabalhadoras da limpeza e os seguranças, notava que a maioria era composta de mulheres e homens negros. Essa é a realidade não só da minha vivência, mas de diversas salas em universidades de todo o país, e dificilmente alguém se incomoda com isso.

A população negra compõe 54% da sociedade brasileira, de acordo com o IBGE, sendo que a ausência dela em determinados postos ou a demasiada presença em outros são naturalizadas. Por que isso acontece? O que nos leva, ainda que negros ou brancos não racistas, a normalizar o fato de as pessoas negras estarem em sua maioria em trabalhos precários e insalubres, em presídios e em estatísticas de homicídios ou morando nas calçadas? O que gera a sensação de que as coisas estão invertidas quando vemos um médico negro ou um morador de rua branco, loiro de olhos azuis?

A concepção estrutural do racismo ocorre por meio da relação entre racismo e economia. O racismo estrutural está intrinsecamente ligada ao institucional, pois determina suas regras a partir de uma ordem social estabelecida. O racismo estrutural é uma decorrência da estrutura da sociedade, que normaliza e concebe como verdade padrões e regras baseadas em princípios discriminatórios da raça. O racismo é, portanto, fruto de um processo social, histórico e político que desenvolve mecanismos para que pessoas ou grupos sejam discriminados de forma sistemática.

Achille Mbembe afirma, em *A Crítica da razão negra,* que, para o racista, ver um negro é não ver que ele não está lá; que ele não existe; que ele não é mais do que o ponto de fixação patológico de uma ausência de relação[75]. Ou seja, ao subjugar a raça, descontrói-se a humanidade, afasta-se a possibilidade de ver a pessoa e, ao se caracterizar a violência como "outro", ela torna-se justificada.

---

[75] MBEMBE, A., 2018 apud ALMEIDA, S. L. de. *O que é racismo estrutural?* Belo Horizonte: Letramento, 2018.

CAPÍTULO I - ESCRAVIDÃO E RACISMO ESTRUTURAL

O racismo, conforme explica Almeida,[76] só consegue se perpetuar se for capaz de produzir um sistema de ideias que forneça uma explicação "racional" para a desigualdade racial, bem como de construir sujeitos cujos sentimentos não sejam completamente abalados diante da discriminação e da violência racial.

O racismo é regra e não exceção, de tal modo que a única forma de uma instituição combater o racismo de fato é pela implementação de políticas antirracistas efetivas. A utilização do termo estrutura não significa que seja uma condição incontornável, mas que o racismo, como processo histórico e político, cria condições sociais para que, direta ou indiretamente, grupos racialmente identificados sejam sistematicamente discriminados.[77]

Trata-se de um processo político, já que, ao se reproduzir através de uma discriminação sistêmica que influencia a organização da sociedade, o racismo depende do poder político; caso contrário, seria inviável como discriminação sistemática de grupos sociais inteiros. Posto isso, não é possível de maneira alguma falar-se em racismo reverso, pois não é possível que as minorias sociais construam um processo de discriminação sistemática sobre os grupos dominantes. Elas podem até possuir preconceitos, mas não conseguem impor desvantagens sociais, econômicas ou políticas a membros de outros grupos dominantes. Pessoas brancas, por exemplo, não são confundidas com criminosos em lojas de marca pela sua condição racial, assim como também não perdem vaga de emprego pelo fato de serem brancas.

O discurso sobre racismo reverso nada mais é do que um processo de vitimização daqueles que se sentem prejudicados pela perda de alguns privilégios, mesmo que simbólicos, ou seja, não se reflete no poder de impor regras ou padrões de comportamentos.

O racismo como processo político se apresenta em sua dimensão institucional e ideológica. No primeiro caso, por meio da normatização

---

[76] ALMEIDA, S. L. de. *O que é racismo estrutural?* Belo Horizonte: Letramento, 2018.

[77] ALMEIDA, S. L. de. *O que é racismo estrutural?* Belo Horizonte: Letramento, 2018, p. 39.

jurídica, sendo o Estado o centro das relações de poder na sociedade; somente ele pode criar os meios necessários, sejam repressivos ou persuasivos, para que o racismo e as violências sistêmicas sejam incorporados às práticas cotidianas. Já a dimensão ideológica é necessária para manter a coesão social diante do racismo: é essencial que as instituições apresentem narrativas que sustentem a unidade social de unificação ideológica, função que é papel do Estado, das escolas, universidades e meios de comunicação em massa.

O racismo é também um processo histórico, de modo que não há de se falar em racismo apenas pela dinâmica dos sistemas político e econômico, pois a especificidade da dinâmica estrutural do racismo está ligada às peculiaridades de cada formação social.[78]

Os diversos processos de formação nacional dos Estados contemporâneos foram produzidos por processos políticos em que as classificações raciais tiveram papel importante para definir as hierarquias sociais, a legitimidade na condução do poder estatal e as estratégias que determinaram o desenvolvimento econômico de cada nação. Entre os diversos critérios de classificação racial, o Brasil, por exemplo, inclui, além da aparência física, traços biológicos, o pertencimento de classe (que se expressa na capacidade de consumo e circulação social), bem como a possibilidade de transformar os traços em direção a uma estética relacionada à branquitude, com o poder de tornar alguém socialmente "branco", a partir dos critérios de racialização construídos ao longo dos anos.

A partir da perspectiva estruturalista, o racismo é responsável por moldar, para além da consciência, o inconsciente, de tal forma que a ação das pessoas, ainda que inconscientes, é constituída por padrões de clivagem racial inseridos no imaginário e em práticas sociais cotidianas. É nesse sentido que se comprova a ideia de que o racismo não necessita de uma ação consciente para existir.

---

[78] ALMEIDA, S. L. de. *O que é racismo estrutural?* Belo Horizonte: Letramento, 2018, p. 42.

CAPÍTULO I - ESCRAVIDÃO E RACISMO ESTRUTURAL

> Pessoas racializadas são formadas por condições estruturais e institucionais. Nesse sentido, podemos dizer que é o racismo que cria a raça e os sujeitos racializados. Desse modo, os privilégios de ser considerado branco não dependem do indivíduo socialmente branco reconhecer-se ou assumir-se como branco, e muito menos de sua disposição de obter a vantagem que lhe é atribuída por sua raça.[79]

A ideologia, mais do que a representação de uma realidade, é uma prática. Não basta se ensinar e disseminar os ensinamentos de autores racistas, como Nina Rodrigues ou Cesare Lombroso. É necessário que as ideias desses autores racistas sejam acompanhadas por uma estrutura social em que, nas escolas, professores, direção e as pessoas consideradas importantes sejam brancas.

Além disso, no Brasil, a própria indiferença em alguns estudos econômicos e sociais em relação à raça foi fundamental para a constituição de um imaginário racista, pois, sem dados objetivos e sem críticas, a discriminação racial que ocorre nas relações sociais se apresentará como algo "normal" e corriqueiro.

O racismo é uma ideologia e parece claro que é passível de transformação, a partir do momento em que consideramos que toda ideologia pode ser substituída por meio de práticas sociais concretas. Jovens negros são assassinados a cada vinte e três minutos no Brasil, o que não é comoção nacional, pois os sistemas político, jurídico e econômico perpetuam a ideia de que vidas negras são descartáveis e de que os negros, desde a abolição da escravidão, permanecem considerados como coisa. Assim como a representação subalterna das mulheres negras nas mídias, representação que, caso não se refletisse em uma estrutura de práticas efetivas de discriminação, haveria protestos a cada vez que uma delas fosse representada de forma pejorativa ou de pouco prestígio social.

---

[79] ALMEIDA, S. L. de. *O que é racismo estrutural?* Belo Horizonte: Letramento, 2018, p. 50.

A ideologia também opera quando personagens de destaque são caracterizados como negros e geram espanto, como foi o caso recente da versão *live action* da princesa Ariel,[80] de *A Pequena sereia*, com a atriz negra Halle Bailey, ou ainda quando artistas negros são escolhidos para representar produtos ou marcas de beleza. Isso acontece porque nossa relação com a vida social é mediada pela ideologia, ou seja, pelo imaginário das estruturas sociais discriminadoras, que não concebe a representação da população negra de outra forma a não ser em posições subalternas.

Além disso, pessoas negras também podem reproduzir, em seus comportamentos individuais, a discriminação de que são as maiores vítimas. Ao serem submetidas à pressão de uma estrutura social racista, elas internalizam a ideia de inferioridade. Somente a reflexão crítica sobre a sociedade pode fazer um indivíduo enxergar a si próprio e ao mundo para além do imaginário racista.

Importante destacar que o racismo, como forma de racionalidade, não é um problema de ignorância social, já que possui uma racionalidade embutida na própria ideologia, contando, ao longo da história do Brasil, com a colaboração das faculdades de Direito e Medicina, do discurso da democracia racial e da formulação teórica que une a cultura popular à ciência, bases para as práticas racistas já presentes na vida cotidiana.

> A permanência do racismo exige, em primeiro lugar, a criação e recriação de um imaginário social em que determinadas características biológicas ou práticas culturais sejam associadas à raça e, em segundo lugar, que a desigualdade social seja naturalmente atribuída à identidade racial dos indivíduos ou, de outro modo, que a sociedade se torne indiferente ao modo com que determinados grupos raciais detêm privilégios.[81]

---

[80] DELGADO, A. Por que Halle Bailey não pode interpretar a sereia Ariel? *Omelete.* 04 jul. 2019 Disponível em: <https://www.omelete.com.br/filmes/por-que-halle-bailey-nao-pode-interpretar-a-sereia-ariel>. Acesso em: 07.09.2019.

[81] ALMEIDA, S. L. de. *O que é racismo estrutural?* Belo Horizonte: Letramento, 2018, p. 57.

CAPÍTULO I - ESCRAVIDÃO E RACISMO ESTRUTURAL

O racismo não deve ser explicado como resultado da dominação de determinado grupo sobre outro; no caso do Brasil, ele é obra de uma supremacia branca. Indivíduos de pele clara, por si só, não possuem uma essência que os leva a arquitetar sistemas de dominação racial. Não há como negar que a dominação racial é uma das características do racismo, mas é determinante entender em que circunstâncias essa dominação acontece.

Nesse sentido alguns estudiosos sugerem que a ideia de supremacia branca seja trabalhada por meio das teorias críticas da branquitude e a partir do conceito de hegemonia. Branquitude se define como a posição em que sujeitos brancos, historicamente privilegiados em relação ao acesso à recursos materiais e simbólicos e gerados inicialmente pelo colonialismo e imperialismo, mantêm-se preservados até os dias de hoje.

A hegemonia é uma forma de dominação exercida não apenas pelo exercício da força, mas também pela construção de mediações, por meio da formação de consensos ideológicos. A dominação racial, no caso da supremacia branca, é exercida pelo poder e pelo complexo cultural em que as violências, desigualdades e a discriminação racial são absorvidas como elementos da vida social.

O fato de grande parte da sociedade considerar como "piadas" as ofensas racistas e discriminações raciais, como algo irrelevante e parte integrante da cultura popular brasileira, funciona como argumento para que o Judiciário e o sistema de justiça em geral não reconheçam casos de racismo. Adilson Moreira deu a esta prática a denominação de "racismo recreativo", caracterizado da seguinte maneira:

> (...) uma política cultural característica de uma sociedade que formulou uma narrativa específica sobre relações raciais entre negros e brancos: a transcendência racial. Este discurso permite que as pessoas brancas possam utilizar o humor para expressar a sua hostilidade por minorias raciais e ainda assim afirmar que elas não são racistas, reproduzindo então a noção de que construímos uma moralidade pública baseada na cordialidade racial. Esse projeto de

> dominação racial expressa a aversão que os brancos sentem em relação aos negros, mas permite que eles ainda assim apareçam como pessoas comprometidas com a igualdade.[82]

As categorias branco e negro são construções sociais, não há comprovação científica sobre a existência de raças entre os seres humanos. O ser branco está ligado a uma série de privilégios, enquanto o ser negro, às desvantagens sociais; ambos são construídos a partir das circunstâncias histórico-culturais e não apenas a partir de características biológicas. A cor da pele e as práticas culturais são dispositivos materiais que contribuem para o processo de classificação racial e que fazem com que o mecanismo de distribuição de privilégios ou de desvantagens econômicas, políticas, sociais e afetivas se estabeleça de acordo com o grupo ao qual pertence.

Outro ponto importante a ser destacado é a construção do discurso da meritocracia, que, operando no âmbito da ideologia, além de economicamente eficaz, é um fator de estabilização política. A meritocracia atua a partir de mecanismos institucionais, como em processos seletivos e concursos públicos, e se consolida pelo discurso de que as desigualdades são fruto da falta de mérito individual, deixando de considerar toda a estrutura social e concepções políticas e históricas do racismo.

Os problemas que são produtos dos conflitos gerados por uma sociedade de antagonismos sexuais, de raça, classe e gênero trazem o desafio de compatibilizar essas desigualdades em ideologias universalistas, politicamente impessoais, neutras e pautadas pela igualdade formal.

No Brasil, a negação do racismo e a ideologia da democracia racial são sustentadas pela ideia de meritocracia. Com o discurso de que não há racismo, a culpa sobre a condição das pessoas negras passa a estar relacionada aos próprios indivíduos negros, com o argumento de não terem feito tudo o que estavam ao seu alcance para transformar essa

---

[82] MOREIRA, A. *Racismo recreativo*. São Paulo: Ed. Pólen Livros, 2019, pp. 95-96.

CAPÍTULO I - ESCRAVIDÃO E RACISMO ESTRUTURAL

realidade. A meritocracia justifica a miséria, a desigualdade e a violência, tirando a responsabilidade do poder estatal e da construção da realidade social.

Até aqui observamos o modo pelo qual o racismo, estrutural e estruturante em nossa sociedade, se reproduz em todas as relações sociais por meio das instituições. No capítulo seguinte, analisaremos o sistema de justiça criminal brasileiro em sua relação com o racismo, que opera por meio das estruturas de dominação e poder e promove a criminalização, encarceramento e extermínio da população negra no Brasil.

Capítulo II

POLÍTICA CRIMINAL E RACISMO INSTITUCIONAL

Para entender a política criminal no Brasil e modo pelo qual o racismo se reproduz por meio do sistema de justiça criminal, é necessário antes destacar o que compreendemos por Estado, sua função e sua relação com o racismo.

A função do Estado no sistema capitalista é a preservação da ordem, por meio da proteção à propriedade privada, da liberdade e da igualdade, bem como a estruturação das contradições sociais mediante coerção física e/ou reprodução da ideologia que justifica os processos de dominação e, como tal, possui a raça como elemento constitutivo.[83]

O Estado é uma forma de organização social específica de exercício do poder e de dominação. No capitalismo, essa organização política da sociedade não é exercida diretamente pelos grandes proprietários ou pelos membros de uma classe, mas pelo Estado, e sua atuação como organização política está histórica e estruturalmente ligada à reprodução de outras formas sociais do capitalismo, como a mercadoria, que é a

---

[83] ALMEIDA, S. L. de. *O que é racismo estrutural?* Belo Horizonte: Letramento, 2018, p. 68.

propriedade privada; o dinheiro, que são as finanças; e a forma jurídica, que são a liberdade e a igualdade.

O Estado possui autonomia relativa em relação à economia, fator importante, inclusive, para a preservação do próprio sistema capitalista. No entanto, essa relação é constantemente colocada em questão pelos conflitos sociais e políticos que se desenvolvem na estrutura social. Como a sociedade está marcada por esses conflitos internos, determinados grupos buscam ocupar posições de poder na estrutura estatal, para manter seus privilégios, interesses e necessidades. A dominação do poder pelo Estado, característica do capitalismo, mantém os discursos com base na meritocracia, na individualização dos resultados e na desconsideração das estruturas sociais a partir do racismo, naturalizando as desigualdades existentes no país.

Em uma sociedade com intensos conflitos sociais, o Estado surge como unidade possível, de modo a fazer valer mecanismos ideológicos e repressivos. Nos momentos em que a ideologia não é suficiente para o controle, a violência surge e fornece a coesão necessária nessa sociedade estruturalmente marcada por contradições, antagonismos e conflitos insuperáveis, tendo em vista a retroalimentação, mas que devem ser metabolizados pelas instituições.

Parte importante da formação dos Estados contemporâneos é a construção da nacionalidade; na mesma medida em que a construção da identidade de nação produz os padrões que definem a identidade de formação humana também constrói os princípios de exclusão dos sujeitos que não se encaixam nesse padrão social. Assim, o projeto de nação brasileira, por meio do racismo institucional, cria instrumentos capazes de transformar o racismo em um modo de tecnologia do poder, absorvido por todos os indivíduos por meio da ideologia.

> O nacionalismo preenche as enormes fissuras da sociedade capitalista, afastando a percepção acerca dos conflitos de classe, de grupos e, em particular, da violência sistemática do processo produtivo. Mas, isso não significa que o nacionalismo – e seu derivado, o racismo – tenha sido concebido com a função de acobertar a violência econômica. Essa explicação funcionalista,

CAPÍTULO II - POLÍTICA CRIMINAL E RACISMO INSTITUCIONAL

ainda que parcialmente correta, seria bastante frágil diante de contextos em que a ideologia da democracia racial ou o advento de discursos sobre pretensas sociedades pós-raciais são afirmados a todo momento, ou, ainda, em situações em que conflitos de classe, entre etnias ou grupos religiosos estão abertamente deflagrados. A questão aqui, portanto, é também estabelecer, a trilha que estamos construindo até o momento, uma relação estrutural e histórica, e não meramente funcional ou lógica, entre política (Estado), economia e racismo.[84]

O nacionalismo é a construção que torna todos os indivíduos e grupos humanos, independentemente de sua característica, raça, gênero ou classe social, parte de um mesmo povo, a partir de um território e sob a proteção e soberania do Estado. Nesse processo, há dissolução, destruição e incorporação de costumes, tradições e culturas que, eventualmente, entram em choque com o Estado-nação. Por isso, faz parte da construção da identidade nacional a produção de um discurso sobre o outro, tornando racional e emocionalmente possível a conquista e a destruição dos que não compartilham da identidade comum.

Para Paul Gilroy,[85] a relação entre raça, racismo e nacionalidade só se torna possível a partir do intercâmbio e fluxos internacionais entre pessoas e mercadorias promovidos pelo imperialismo e colonialismo. Ou seja, necessariamente há uma dimensão afro-diaspórica. Tendo isso em consideração, o que tomamos como modernidade compõe-se pelo tráfico, pela escravidão, pelas ideias racistas, pelo colonialismo, mas também pelas práticas de resistências e ideias antirracistas formuladas por intelectuais negros e indígenas. Assim, a compreensão da sociedade brasileira e do racismo no Brasil dependem de um olhar para a América, para o continente africano e para a formação do fluxo de pessoas e ideias no âmbito internacional.

---

[84] ALMEIDA, S. L. de. *O que é racismo estrutural?* Belo Horizonte: Letramento, 2018, p. 77.

[85] GILROY, P. *O Atlântico negro*: modernidade e dupla consciência. São Paulo, Rio de Janeiro: 34; Universidade Cândido Mentes – Centro de Estudos Afro-Asiáticos, 2001.

Segundo Silvio de Almeida,[86] o pensamento social brasileiro, em seus diversos ramos e matizes ideológicos, ocupou-se da questão racial direta e indiretamente, pois não há como analisar o Brasil profundamente sem avaliar o modo pelo qual a nação brasileira foi construída, isto é, a partir de tanta desigualdade, consolidada pelo estigma de ter vivido trezentos e oitenta e oito anos de sua existência com o sistema escravocrata.

Porém, os projetos nacionais brasileiros, desde o início da República, caminharam no sentido de institucionalizar o racismo e torná-lo parte do imaginário social. No Brasil, o racismo converte-se em tecnologia do poder e modo de internalizar as contradições.

> Em seu famoso texto *Em defesa da sociedade,* Foucault demonstra como o racismo está diretamente relacionado com a formação dos Estados a partir do século XIX. O discurso biologizante das raças, especialmente, da pureza das raças denota uma das funções do Estado: o "protetor da integridade, da superioridade e da pureza da raça". Essa conexão entre a pureza das raças e o Estado é para Foucault a expressão da face antirrevolucionária, conservadora e reacionária que o discurso político assume após as revoluções liberais do século XVIII. "O racismo", diz Foucault, "é literalmente, o discurso revolucionário, mas pelo avesso". A soberania do Estado apoia-se, como já dissemos, na integridade nacional que é, dito de outro modo, a "proteção da raça". Portanto, os Estados a partir do século XIX operam sob o racismo, segundo a lógica do que Foucault denomina "racismo de Estado".[87]

Para Michel Foucault[88], o racismo é uma tecnologia do poder e a soberania torna-se o poder de suspensão da morte, de fazer viver ou

---

[86] ALMEIDA, S. L. de. *O que é racismo estrutural?* Belo Horizonte: Letramento, 2018.

[87] ALMEIDA, S. L. de. *O que é racismo estrutural?* Belo Horizonte: Letramento, 2018, p. 87.

[88] FOUCAULT, M. *História da sexualidade I*: a vontade de saber. Trad. Maria Thereza da Costa Albuquerque e J. A. Guilhon Albuquerque. Rio de Janeiro: Edições Graal, 1988.

CAPÍTULO II - POLÍTICA CRIMINAL E RACISMO INSTITUCIONAL

deixar morrer. Todos os serviços públicos são exemplos do poder estatal sobre a manutenção das vidas das pessoas e sua ausência é necessariamente o deixar morrer. Foucault denomina de "biopoder" o exercício de poder sobre a vida que o Estado emprega, e o racismo exerce um papel central para sua justificativa e manutenção.

O biopoder integra o racismo como um instrumento essencial do poder do Estado, classificando os sujeitos de acordo com as características fenotípicas e definindo uma linha divisória entre os grupos "superiores" e "inferiores". A partir daí, garante-se o extermínio de determinada população sem que haja qualquer estranhamento, como acontece com a população negra, em especial a sua juventude,cujo índice de homicídios é epidêmico no Brasil, como já apontamos.

O estado de exceção e a relação de inimizade tornam-se base normativa do direito de matar do Estado; guerra, política, homicídio e suicídio tornam-se indistinguíveis. A situação categorizada por Achille Mbembe como necropolítica explicita as relações entre política e terror, que se tornaram mais sofisticadas após a ocupação colonial, fazendo surgir novas formas de dominação e definindo as políticas estatais de criminalização e segurança pública, de modo a consolidar a relação entre política e terror.

Nesse contexto, o Direito surge como fundamento retórico do assassinato, e não como o limite do poder estatal sobre os corpos humanos, como alguns tentam construir como narrativa *post factum*.

> O estado de sítio, longe de ser de exceção, será regra, e o inimigo, aquele que deve ser eliminado, será criado não apenas pelas políticas estatais de segurança pública, mas por meios de comunicação de massa e os programas de televisão. Tais programas servirão como meio de constituir a subjetividade adaptada ao ambiente necropolítico em que impera o medo.
>
> O racismo, mais uma vez, permite a conformação das almas, mesmo as mais nobres da sociedade, à extrema violência a que populações inteiras são submetidas, que se naturalize a morte de crianças por 'balas perdidas', que se conviva com áreas inteiras sem

saneamento básico, sem sistema educacional ou saúde, que se exterminem milhares de jovens negros por anos no que vem sendo denunciado há anos pelo movimento negro como genocídio.[89]

Marielle Franco, ativista negra e lésbica, vereadora da cidade do Rio de Janeiro, brutalmente assassinada, descreve a constituição da soberania como necropoder a partir das análises tecidas por Achille Mbembe. Incluindo a ocupação militarizada dos territórios, estado de sítio e a violência da exceção permanente, o necropoder encontra-se nas ocupações feitas pelos militares nas favelas de sua cidade.

> A abordagem das incursões policiais nas favelas é substituída pela ocupação do território. Mas tal ocupação não é do conjunto do Estado, com direitos, serviços, investimentos, e muito menos com instrumentos de participação. A ocupação é policial, com a caracterização militarista que predomina na polícia do Brasil. Está justamente aí o predomínio da política já em curso, pois o que é reforçado mais uma vez é uma investida aos pobres, com repressão e punição. Ou seja, ainda que se tenha um elemento pontual de diferença, alterando as incursões pela ocupação, tal especificidade não se constituiu como uma política que se diferencie significativamente de atual relação do Estado com as favelas.[90]

O projeto soberano de Estado, sob a égide da política neoliberal, as políticas de austeridade e o encurtamento das redes de proteção, naturalizou a destruição da vida da população negra, com a justificativa de manutenção da ordem, da proteção da economia e da preservação da segurança. Por isso, resta ao Estado, como balizador desses conflitos sociais, adequar-se à lógica que depende da morte e

---

[89] ALMEIDA, S. L. de. *O que é racismo estrutural?* Belo Horizonte: Letramento, 2018, p. 94.

[90] FRANCO, M. *UPP – A redução da favela a três letras*: uma análise da política de Segurança Pública do Estado do Rio de Janeiro. 2014. Dissertação (Mestrado em Administração) – Universidade Federal Fluminense, Niterói, 2014. Disponível em: <https://app.uff.br/riuff/bitstream/1/2166/1/Marielle%20Franco.pdf>. Acesso em 26.07.2019.

CAPÍTULO II - POLÍTICA CRIMINAL E RACISMO INSTITUCIONAL

do encarceramento para a continuidade das formas fundamentais de vida socioeconômica.

Por meio do Direito, os processos de racialização da sociedade são legitimados; como mecanismo de poder e do Direito, subordinam as pessoas. Na criminalização de condutas, por meio da política criminal influenciada pela estrutura social racista, o Direito no Brasil deixa de ser um garantidor da liberdade ou igualdade individual, tão clamados na sociedade pós-revoluções iluministas, e passa a atuar na gestão do risco mediante a adaptação do aparelho punitivo do Estado, flexibilizando conceitos e contrariando princípios constitucionais.

A política criminal no Brasil, bem como a construção do sistema de segurança pública, é influenciada por uma lógica de prevenção de riscos e de manutenção da ordem, fato que representa um aumento da insegurança, em vez de garantir a proteção, pois opera a partir de uma lógica de aparato criado para a punição de um setor da sociedade. Esse setor, na lógica estabelecida pelo racismo estrutural, produz risco à ordem, por não se encaixar nos padrões dos grupos sociais que estão no poder. Diante disso, o Direito Penal, que deveria ser utilizado como *ultima ratio*, acaba convertido em *sola ratio* quando se trata da população negra.

O Direito Penal investe sobre quem a estrutura social considera delinquente, visto como diferenciado ou anormal, em nome da defesa dos direitos sociais. Baseado nas escolas positivistas, cujos objetivos são a generalização das leis e a catalogação das condutas desviantes, o Direito Penal está voltado para a individualização das penas e a recuperação do autor do delito, como destacam Fabretti e Smanio:

> De modo geral, podemos dizer que a Escola Positiva tem como núcleo de renovação a consideração do homem, na sua realidade naturalista, ou seja, como um ser vivente inserido no seu meio e suscetível a todas as condições antropológicas, biológicas e sociais. Como consequência, o crime já não é mais um ente jurídico e abstrato dependente única e exclusivamente do arbítrio do homem, mas sim um episódio de desajustamento social ou

psicológico, dependente das forças exteriores e interiores que atuam no sujeito e determinam a prática da conduta criminosa.[91]

Baseado na ideia de que o crime é o resultado de uma disfunção social ou psicológica, surge o determinismo, uma das principais características do positivismo, de construção essencialmente racista.

A lógica do positivismo é voltada para o delinquente e, como afirma Enrico Ferri, trabalha a partir do método indutivo e da observação dos fatos, tendo por objeto a pessoa que se revela mais ou menos perigosa socialmente a partir do delito que pratica.[92]

Diante disso, a função da pena passa a ser a defesa da sociedade em relação aos delinquentes, com fundamento em suas personalidades, especificamente em sua criminalidade. Fabretti e Smanio destacam o objetivo principal da pena, a partir da escola positivista, como a necessidade de afastar o delinquente da sociedade enquanto durar sua periculosidade, já que o criminoso é visto como portador de uma patologia social, danosa para a sociedade, e a pena é o remédio construído contra esse mal.[93]

Ao se analisarem os reflexos do racismo estrutural perante a sociedade brasileira junto a essa lógica da política criminal (determinada por quem governa e tendo em mente a manutenção da ordem), percebe-se que se trata da manutenção do *status quo*, ou seja, das estruturas sociais como estão pré-estabelecidas. O Estado brasileiro opera, em sua política criminal, para a exclusão, encarceramento e extermínio da população negra no Brasil, já que a manutenção da ordem é a manutenção do negro no *status* de marginal, perpetuado pelos aparelhos ideológicos do Estado. A função da pena, então, é a exclusão dessa população que perturba a ordem e que deve ser sistematicamente excluída.

---

[91] FABRETTI, H. B.; SMANIO, G. P. *Introdução ao Direito Penal*: criminologia, princípios e cidadania. São Paulo: Editora Atlas, 2012, p. 43-44.

[92] FERRI, E. *Princípios do Direito Criminal*: o criminoso e o crime. Trad. Paolo Capitanio. Campinas: Bookseller, 1996, p. 62.

[93] FABRETTI, H. B.; SMANIO, G. P. *Introdução ao Direito Penal*: criminologia, princípios e cidadania. São Paulo: Editora Atlas, 2012, p. 45.

CAPÍTULO II - POLÍTICA CRIMINAL E RACISMO INSTITUCIONAL

A exclusão social é, portanto, produzida pelo Estado, por meio da necropolítica. Isso significa que a falta de serviços públicos – como acesso à educação e à saúde em diversas áreas nas periferias, majoritariamente negras; os obstáculos construídos para que os negros não tenham condições de trabalho descente; e especialmente a criminalização do modo de vida, da cultura e religião – refere-se à necropolítica e ao Estado brasileiro racista.

A população negra, com a consolidação de um Estado brasileiro baseado nas relações de conflito de uma sociedade marcada por trezentos e oitenta e oito anos de história de escravidão (o que produziu condições para a implementação do sistema capitalista), é sistematicamente encarcerada, segregada, violentada e assassinada pelo Estado, pois, como pontua Eduardo Bonilla-Silva:[94]

> A reprodução de preconceitos raciais nas sociedades contemporâneas é explicada neste quadro, não por referência a um passado há muito distante, mas em relação à sua estrutura contemporânea. Porque o racismo é visto como sistêmico (possuindo uma estrutura racial) e organizado em torno de interesses diferentes das raças; os aspectos raciais dos sistemas sociais hoje são vistos como fundamentalmente ligadas às relações hierárquicas entre as raças nesses sistemas.

A política criminal – as práticas e escolhas realizadas pelo Estado no âmbito jurídico, econômico e social – configura e orienta os processos de criminalização, sendo um instrumento essencial do processo. Analisaremos, a seguir, alguns dados sobre a violência policial, o sistema prisional brasileiro, a guerra às drogas e os índices de mortandade no Brasil. O racismo opera como um código oculto; o processo de criminalização da população negra brasileira, demarca o Brasil como um país com uma sociedade segregada racialmente, em consonância com um projeto de genocídio da população negra.

---

[94] BONILLA-SILVA, E. Rethinking racism: toward a structural interpretation. *American Sociological Review*, Chicago, vol. 62, n. 3, p. 476, jun. 1997. (tradução nossa).

2.1 Violência policial

Segundo levantamento realizado pelo Monitor de Violência (parceria entre o Núcleo de Estudos da Violência da Universidade de São Paulo, Fórum Brasileiro de Segurança Pública e Portal de Notícias G1), o número de pessoas mortas pela polícia no Brasil cresceu 18% em 2018, mesmo período em que o assassinato de policiais diminuiu (a queda foi também de 18% nesse caso). O país teve 6.160 mortes provocadas por policiais na ativa em 2018; no ano anterior, tinham sido 5.225. A alta da taxa de homicídios "vai na contramão da queda de mortes violentas no país no geral, que foi de 13% em 2018".[95]

Já que parte dos dados sobre a letalidade policial são subnotificados no país, esses números podem ser ainda maiores. Os dados são tão alarmantes que a taxa de mortalidade por intervenções policiais chegou a 8,9 por 100 mil habitantes no Rio de Janeiro; 7,2 no Pará; 6,3 em Sergipe, 6,1 em Goiás; e 5,4 na Bahia. São Paulo possui uma das menores taxas do país, com 1.9 a cada 100 mil habitantes.[96]

Para Bruno Paes Manso, do Núcleo de Estudos da Violência da USP, "quando a sociedade e as instituições flexibilizam o controle sobre a violência policial, uma parte do efetivo aproveita essa licença para matar para defender seus próprios interesses pessoais e financeiros".[97]

---

[95] VELASCO, C.; CAESAR, G.; REIS, T. Número de pessoas mortas pela polícia no Brasil cresce 18% em 2018; assassinatos de policiais caem. *Portal de Notícias G1*. 19 abr. 2019. Disponível em: <https://g1.globo.com/monitor-da-violencia/noticia/2019/04/19/numero-de-pessoas-mortas-pela-policia-no-brasil-cresce-em-2018-assassinatos-de-policiais-caem.ghtml>. Acesso em: 29.07.2019

[96] VELASCO, C.; CAESAR, G.; REIS, T. Número de pessoas mortas pela polícia no Brasil cresce 18% em 2018; assassinatos de policiais caem. *Portal de Notícias G1*. 19 abr. 2019. Disponível em: <https://g1.globo.com/monitor-da-violencia/noticia/2019/04/19/numero-de-pessoas-mortas-pela-policia-no-brasil-cresce-em-2018-assassinatos-de-policiais-caem.ghtml>. Acesso em: 29.07.2019

[97] MANSO, B. P. Violência policial é a semente das milícias. *Portal de Notícias G1*. 19 abr. 2019. Disponível em: <https://g1.globo.com/monitor-da-violencia/noticia/2019/04/19/violencia-policial-e-a-semente-das-milicias.ghtml>. Acesso em: 29.07.2019

CAPÍTULO II - POLÍTICA CRIMINAL E RACISMO INSTITUCIONAL

Manso defende essa ideia baseado em suas pesquisas sobre a Polícia Militar no Rio de Janeiro, cidade que, historicamente, possui uma das polícias mais violentas do país e do mundo. Até o mês de abril de 2019, os policiais do Rio de Janeiro já haviam assassinado cerca de 9 pessoas por 100 mil habitantes, quase o mesmo percentual de todo o Estado de São Paulo na mesma época. Para Manso, foi por meio dessa polícia violenta que nasceram as milícias, grupos criminosos que mais ameaçam as instituições democráticas brasileiras nos dias de hoje.

As milícias, como grupos paramilitares do Rio de Janeiro, construíram uma organização que afeta diretamente a vida da população em geral. Oferecem serviços como proteção, TV a cabo, transporte alternativo e aluguéis em prédios, atuando inclusive em parcerias com traficantes em aluguéis de territórios, como revelaram investigações recentes de promotores do Rio de Janeiro. Segundo estimativa do próprio Ministério Público Estadual, as milícias já dominam cerca de 40% do território do estado.[98] Diante desse alcance, conseguem influenciar diretamente o voto de eleitores, de modo a eleger políticos que agem no Poder Legislativo e Executivo como representantes de seus interesses.

Em paralelo ao crescimento do poder desses grupos paramilitares está a disputa por território entre as facções criminais relacionadas ao tráfico de drogas, como o PCC e o Comando Vermelho, que se expandiram nos estados do país e contribuem para o aumento da violência, em especial onde o fluxo do tráfico internacional é maior, conforme aponta o relatório do *Atlas da violência 2019*:

> Este processo foi engendrado, sobretudo, pelo PCC, que viu a possibilidade de aumento dos lucros no negócio de cocaína pela integração vertical do mercado, tendo em vista as grandes diferenças de preço do cloridrato de cocaína pura nos territórios produtores e consumidores. (...) inúmeras pistas de pouso

---

[98] MANSO, B. P. Violência policial é a semente das milícias. Portal de Notícias G1. 19 abr. 2019. Disponível em: <https://g1.globo.com/monitor-da-violencia/noticia/2019/04/19/violencia-policial-e-a-semente-das-milicias.ghtml>. Acesso em: 29.07.2019

clandestinas foram usadas na rota caipira de tráfico – no interior de São Paulo e no Triângulo Mineiro – para receber carregamentos provenientes da Bolívia, transportados por pequenos aviões monomotores. Outras novas rotas foram exploradas ao Norte do país, cujas mercadorias provenientes da Bolívia e do Peru chegavam, principalmente, ao Acre, sendo transportadas, posteriormente, para outras Unidades Federativas (UFs), na rota do Rio Solimões, chegando depois ao Nordeste e, em particular, ao Ceará e ao Rio Grande do Norte, para serem levadas à Europa.[99]

Aparelhos ideológicos, como os programas de notícias policiais sensacionalistas de televisão, responsáveis por disseminar a ideia de combate ao crime e extermínio sem freios; a tolerância ao crescimento da violência policial, com destaque para os estados do Nordeste, também envolvidos com os conflitos entre as facções, fato que coloca em sério risco as instituições dessa região do país, sujeitas a testemunhar processos semelhantes aos que ocorreram no Rio de Janeiro; e o crescimento do poder das milícias produzem a lógica da licença para matar. Nesse contexto, estabelece-se a segurança pública no Brasil, permitindo ao policial usar o poder em defesa de seus lucros e de seus interesses no crime.

Os números alarmantes deveriam ser o foco dos gestores da área de Segurança Pública, sobretudo no que se refere ao controle da polícia, tendo em vista que esta faz da letalidade uma prática comum e caminha, ela mesma, em direção ao crime. Porém, como observamos no capítulo anterior, o Estado opera para legitimar essas operações, enquanto o sistema capitalista funciona a partir da sensação de insegurança e do aumento da violência para sobreviver. Não se trata, em outras palavras, de uma situação anormal; é o reflexo do racismo e a prova de que as instituições operam normalmente, por meio da lógica da necropolítica.

---

[99] INSTITUTO de Pesquisa Econômica Avançada; Fórum Brasileiro de Segurança Pública (Org.). *Atlas da violência 2019*. Brasília: INSTITUTO de Pesquisa Econômica Avançada; Fórum Brasileiro de Segurança Pública. Disponível em: <http://www.ipea. gov.br/portal/images/stories/PDFs/relatorio_institucional/190605_atlas_da_violencia_2019. pdf>. Acesso em 24.07.2019.

CAPÍTULO II - POLÍTICA CRIMINAL E RACISMO INSTITUCIONAL

A lógica implementada pela noção do Direito Penal do Autor, reforçada pelos programas de TV, tornam esse processo um verdadeiro extermínio, não só aplaudidos pela população como legalmente justificáveis. Dessa forma, mesmo com uma Constituição Federal, que garante o direito à vida, à liberdade e à igualdade, o Estado, por meio do braço policial e do poder que o Direito lhe atribui, decide ao arrepio da lei quem pode ou não viver.

A polícia é uma instituição que deve possuir um exigente controle e supervisão de suas ações. A valorização das forças policiais não deve ser confundida com a ideia de se conceder licença para matar; caso contrário, situações como a dos oitenta tiros disparados pelo Exército brasileiro[100], no Rio de Janeiro, contra o carro em que estava uma família inteira a caminho de uma festa, tornam-se cada vez mais comuns.

O aumento da violência policial, além disso, cria um aumento na insegurança para os próprios policiais. Como dissemos, o número da vitimização policial diminuiu em 2018.[101] Contudo, ao analisarmos os dados sobre policiais em folga, os números também são preocupantes. Os dados levam a perceber que a situação de violência é generalizada, não só para um setor da sociedade historicamente criminalizado, mas também para os agentes de segurança.

Dos 307 policiais assassinados em 2018, cerca de 232 foram mortos fora do horário de serviço.[102] As causas mais frequentes dessas mortes estão ligadas aos serviços feitos como "bico", fora de sua carga horária de trabalho na polícia, e aos latrocínios, quando reagem a roubos e são mortos.

---

[100] PAULUZE, T.; NOGUEIRA, I. Exército dispara 80 tiros em carro de família no Rio e mata músico. *Folha de São Paulo*. Cotidiano. 08 abr. 2019. Disponível em: <https://www1.folha.uol.com.br/cotidiano/2019/04/militares-do-exercito-matam-musico-em-abordagem-na-zona-oeste-do-rio.shtml>. Acesso em: 09.10.2019.

[101] BUENO, S.; LIMA, R. S. de. Um amontoado de corpos. *Portal de Notícias G1*. 19 abr. 2019. Disponível em: < https://g1.globo.com/monitor-da-violencia/noticia/2019/04/19/um-amontoado-de-corpos.ghtml>. Acesso em: 29.07.2019.

[102] BUENO, S.; LIMA, R. S. de. Um amontoado de corpos. *Portal de Notícias G1*. 19 abr. 2019. Disponível em: < https://g1.globo.com/monitor-da-violencia/noticia/2019/04/19/um-amontoado-de-corpos.ghtml>. Acesso em: 29.07.2019.

Nesse cenário de guerra, são espantosas as declarações do nosso atual presidente[103] e de alguns governadores, como os do Estado de São Paulo[104] e do Rio de Janeiro,[105] que incitam a polícia a atirar para matar. O estímulo à violência ocupa hoje um papel central no Brasil e seu resultado é uma montanha de corpos, quase todos negros e jovens, como nos apontam os dados do *Atlas da violência de 2019*.

O controle da violência policial, longe de ser uma agenda apenas das entidades de Diretos Humanos, deveria ser uma agenda geral, inclusive das corporações policiais, para, de algum modo, combater o ciclo de violência que percorre nosso país. Por isso, propostas como o pacote anticrime do ministro Sérgio Moro devem ser duramente combatidas, pois apostam em uma flexibilização ainda maior, ao invés de investirem no controle. Os policiais possuem uma verdadeira licença para matar.

Segundo pesquisa sobre desigualdade racial e segurança pública no Estado de São Paulo, do Grupo de Estudos sobre Violência e Administração de Conflitos (GEVAC),[106] a taxa de negros mortos pela Polícia Militar nesse estado é três vezes maior do que a de pessoas brancas, sendo que 79% dos policiais envolvidos nesses homicídios são brancos.

---

[103] CARVALHO, R. Bolsonaro diz que quer dar carta branca para PM matar em serviço. *Portal UOL*. Política. 14 dez. 2017. Disponível em: <https://noticias.uol.com.br/politica/ultimas-noticias/2017/12/14/bolsonaro-diz-que-quer-dar-carta-branca-para-pm-matar-em-servico.htm> Acesso em: 11.09.2019.

[104] RODRIGUES, R. A partir de janeiro, polícia vai atirar para matar, afirma João Doria. *Folha de São Paulo*. Poder. 02 out. 2018.Disponível em: <https://www1.folha.uol.com.br/poder/2018/10/a-partir-de-janeiro-policia-vai-atirar-para-matar-afirma-joao-doria.shtml> Acesso em: 11 set. 2019.

[105] PENNAFORT, R. Policial terá supervisão para atirar para matar no Rio, diz Wilson Witzel. *O Estado de São Paulo*. Política. 1 nov. 2019. Disponível em: <https://politica.estadao.com.br/noticias/geral,policial-tera-supervisao-para-atirar-para-matar-no-rio-diz-wilson-witzel,70002579446> . Acesso em: 11.09.2019.

[106] SINHORETTO, J. SILVESTRE, G.; SCHUTTLER, M. C. *Desigualdade racial e segurança pública em São Paulo*: letalidade policial e prisões em flagrante. São Carlos: UFSCar, 2014. Disponível em: <http://www.ufscar.br/gevac/wp-content/uploads/Sum%C3%A1rio-Executivo_FINAL_01.04.2014.pdf>. Acesso em: 28.07.2019.

CAPÍTULO II - POLÍTICA CRIMINAL E RACISMO INSTITUCIONAL

A taxa de prisões em flagrante de negros chega a ser duas vezes e meia maior do que a verificada para brancos.

A pesquisa ratifica a tese de que o racismo opera por meio das instituições estaduais para garantir a manutenção de uma estrutura social discriminatória. Dados revelam que cerca de 61% das vítimas da polícia no estado são negras, e que, delas, cerca de 97% são homens e 77% tem entre 15 e 29 anos. Quanto aos policiais, 79% são brancos e 96% são da Polícia Militar.

Os dados acima demonstram a maior letalidade policial sobre a população negra. Se forem calculadas as taxas de mortos por 100 mil habitantes, dentro de cada grupo de cor/raça, no ano de 2011, é possível perceber que foram mortos três vezes mais negros do que brancos, uma vez que a população negra residente em São Paulo em 2011 era de 14.287.843, e no mesmo ano foram mortos 193 negros, o equivalente a 1,4; já a população branca era de 26.371.709, e no mesmo ano foram mortos 131 brancos em decorrência da ação policial, o equivalente a 0,5. A partir dos dados obtidos na pesquisa é possível dizer, portanto, que, a cada branco, três negros são assassinados, vítimas de homicídio, em decorrência de atividade policial no Estado de São Paulo.

O que se conclui é que a política de segurança pública no Brasil, ao reproduzir institucionalmente o racismo, torna-se um fator determinante para a promoção da exclusão, criminalização e extermínio da população negra, principalmente na juventude. Baseada em uma lógica que opera para a manutenção das estruturas sociais e da prevenção dos riscos à política de criminalização da população negra, produz-se uma sociedade estruturalmente racista, causando a sistemática criminalização e exclusão dos negros e negras no país. Como podemos observar no trecho a seguir:

> A manutenção da ordem agrária e escravista herdada do período colonial foi assegurada no plano local por essa Guarda Municipal Voluntária constituída por segmentos sociais à parte das relações de produção. Por conseguinte, quando esses policiais não eram convocados para campanhas de combate a forças rebeldes diversas

– Farroupilhas, Canudos, Quilombos – eram discriminados como vadios, ociosos, vagabundos e "brancos pobres" abaixo e à margem da sociedade "culta". Nesse contexto, a oligarquia agrária cafeeira articula, sob o comando do Brigadeiro Rafael Tobias de Aguiar, sua própria força policial e militar para a manutenção, no plano local, da ordem social escravocrata e como dispositivo de segurança regional face ao estacionamento permanente de Tropas de Linha (Exército) no Estado.[107]

A afirmação de José Eduardo de Azevedo mostra que, desde sua concepção, a Polícia Militar foi criada para a manutenção da ordem e a repressão dos escravos e dos pobres. A mesma ideia está contida no relatório da CPI Assassinato de Jovens, que destaca o papel determinante da violência policial e das teorias do Direito Penal para a criminalização da população negra:

> Paralelamente, emergem os teóricos naturalistas e racistas como Cesare Lombroso e Nina Rodrigues que atribuíam às características físicas de negros e índios a sua 'tendência' a cometer crimes, chegando a descrever o perfil de um possível criminoso; não por acaso coincidia com as características fenotípicas de homens negros. Nina Rodrigues, por sua vez, ia além e defendia a necessidade de se criarem Códigos Penais distintos para negros/índios e brancos, posto que para as raças 'inferiores' os atos criminosos seriam os atos comuns.[108]

A Polícia Militar, como braço armado do Estado responsável pela manutenção da ordem, passa a perseguir sistematicamente a população

---

[107] AZEVEDO, J. E. Polícia Militar: a mecânica do poder. *Revista Sociologia Jurídica*, Boa Vista, n. 7, jul./dez. 2008. Disponível em: <https://ufrr.br/nupepa/index.php?option=com_phocadownload&view=category&download=78:azevedo-pm-sao-paulo&id=13:disciplina-individuo-sociedade-e-construcao-da-realidade>. Acesso em: 28.07.2019.

[108] BRASIL. Senado Federal. *Relatório final CPI Assassinato de Jovens*. 08 jun. 2016. Disponível em: <https://www12.senado.leg.br/noticias/arquivos/2016/06/08/veja-a-integra-do-relatorio-da-cpi-do-assassinato-de-jovens>. Acesso em 28.07.2019

CAPÍTULO II - POLÍTICA CRIMINAL E RACISMO INSTITUCIONAL

negra e pobre, naturalizada socialmente como a imagem do potencial criminoso. Em sua dissertação, Tiago Vinicius A. dos Santos[109] destaca que há um consenso em todos os estudos quanto ao caráter discriminatório das agências encarregadas de conter a criminalidade: a intimidação policial, as sanções punitivas e a maior severidade no tratamento dispensado àqueles que se encontram sob tutela da prisões recaem preferencialmente sobre os mais jovens, os mais pobres e os mais negros.

O positivismo, com teorias racistas a partir do determinismo, até hoje influencia as políticas de segurança pública e o Direito Penal brasileiro. Ana Flauzina destaca que a própria construção das leis penais não foi feita para atingir toda a população e que a prevenção dos riscos, como já assinalado, quando levada ao extremo, gera demasiada insegurança para parte da população, cujos direitos são retirados para o benefício dos direitos de poucos:

> Nessa perspectiva, podemos inferir que o sistema penal não foi concebido para atingir a todos os delitos e delinquentes, sob o risco de decretar sua própria falência. Trata-se de uma estrutura vocacionada para atingir os crimes relacionados aos setores socialmente mais vulneráveis, conforme explica Zaffaroni: a disparidade entre o exercício de poder programado e a capacidade operativa dos órgãos é abissal, mas se por uma circunstância inconcebível este poder fosse incrementado a ponto de chegar a corresponder a todo o exercício programado legislativamente, produzir-se-ia o indesejável efeito de se criminalizar várias vezes toda a população. Se todos os furtos, todos os adultérios, todos os abortos, todas as defraudações, todas as falsidades, todos os subornos, todas as lesões, todas as ameaças, etc. fossem concretamente criminalizados, praticamente não haveria habitante que não fosse, por diversas vezes, criminalizado.[110]

---

[109] SANTOS, T. V. A. dos. *Racismo institucional e violação de direitos humanos no sistema de segurança pública*: um estudo a partir do Estatuto da Igualdade Racial. 2012. Dissertação (Mestrado em Direitos Humanos) – Universidade de São Paulo, São Paulo, 2012. Disponível em: <https://bdpi.usp.br/item/002316529>. Acesso em: 09.09.2019.

[110] FLAUZINA, A. L. P. *Corpo negro caído no chão*: sistema penal e o projeto genocida do estado brasileiro. Rio de Janeiro: Contraponto, 2008, p. 24.

Outro fator determinante para a flexibilização do controle em relação ao número alarmante de homicídios causados pela Polícia Militar são os chamados "autos de resistência", utilizados desde os tempos da Ditadura Militar para justificar homicídios cometidos pelos agentes da Segurança Pública. Nesses autos, o homicídio é justificado como consequência da resistência, sendo os processos contra policiais militares arquivados sem nenhuma investigação.

No início de 2016, foi publicada uma resolução no Diário Oficial, pelos comandos da Polícia Federal e da Polícia Civil, que aboliu os termos "auto de resistência" e "resistência seguida de morte" dos boletins de ocorrência e inquéritos policiais, então renomeados como "lesão corporal decorrente de oposição à intervenção policial" ou "homicídio decorrente de oposição à ação policial"[111]. Trata-se de uma vitória da luta de anos dos movimentos de direitos humanos e sociais, que de fato pregavam o fim dos autos de resistência; porém, é considerada apenas como uma vitória simbólica por muitos especialistas, já que não ataca o cerne da questão, isto é, a organização e a ação da Polícia Militar, que aborda a população, principalmente a mais pobre e negra, como "inimigos do Estado" em razão da "manutenção da ordem".

Thomas H. Holloway analisa o sistema de política criminal carioca e conclui que existe todo um processo institucional permissivo ao encarceramento e à criminalização dos negros e mais pobres, resultado do modo pelo qual o sistema de segurança pública foi desenvolvido ao longo dos anos no Brasil.

> As instituições estatais assumiram a autoridade que antes era exercida principalmente pelas hierarquias personalistas. As mudanças conexas incluíram a transição da vontade arbitrária do soberano para procedimentos judiciais baseados amplamente nos direitos do homem e do cidadão, bem como da tortura pública

---

[111] PONTES, F. Resolução determina fim dos autos de resistência em registros policiais. *Agência Brasil.* Geral. 04 jan. 2016. Disponível em: <http://agenciabrasil.ebc.com.br/geral/noticia/2016-01/resolucao-determina-fim-dos-autos-de-resistencia-em-registros-policiais>. Acesso em: 29.07.2019.

CAPÍTULO II - POLÍTICA CRIMINAL E RACISMO INSTITUCIONAL

> para preencher o espaço público. Michel Foucault, em importante ensaio interpretativo desse processo, vê como resultado uma sociedade "carcerária" ou disciplinada, em que a prisão moderna se torna metáfora da condição de humanidade moderna.[112]

Assim, as estruturas de poder são reproduzidas pelas instituições brasileiras, pois estas foram formadas para tal. O conceito de igualdade formal, na prática, nunca deixou de ser uma ideia, como a contida na expressão "para inglês ver", utilizada quando se tem a intenção de demonstrar uma vontade, mas que não passa de uma ação para impressionar as potências da Europa e não concretizada de fato na realidade da nossa sociedade. Conforme salienta Holloway:

> A igualdade perante a lei foi destacada na Constituição de 1824, que regeu formalmente as instituições brasileiras até a queda do Império em 1889, e desde então vem sendo ratificada em documentos semelhantes. No entanto, mais de século e meio depois da promulgação do princípio, um estudioso arguto da cultura brasileira observou que o cidadão no Brasil está sujeito a leis impessoais e ao poder brutal da polícia, que o discrimina sistematicamente e o explora impiedosamente, tornando-o um "igual para baixo", em clara perversão dos conceitos liberais.[113]

A partir do que foi abordado, fica evidente a consolidação do pressuposto de que as instituições brasileiras ligadas ao sistema de segurança pública estão institucionalmente estruturadas para a manutenção do poder de uma determinada classe por meio da reprodução de discriminações raciais, o que se reflete na política criminal brasileira, esta que tem, como alvo principal, a população negra e pobre do nosso país.

É importante ressaltar que a Polícia Militar é apenas o soldado de rua dessa política de criminalização. Há outros envolvidos nesse sistema,

---

[112] HOLLOWAY, T. H. *Polícia no Rio de Janeiro*: repressão e resistência numa cidade do século XIX. Rio de Janeiro: Editora FGV, 1997, p. 21.

[113] HOLLOWAY, T. H. *Polícia no Rio de Janeiro*: repressão e resistência numa cidade do século XIX. Rio de Janeiro: Editora FGV, 1997, p. 22.

como a Polícia Civil, que arquiva ou não investiga os homicídios cometidos pelos policiais militares; os promotores de justiça, que, em vez de proteger a sociedade, surgem como carrascos do Estado, justificando a violência policial e criminalizando a população negra; os juízes, que arquivam os processos em vez de dar seguimento às investigações; e assim sucessivamente.

No Estado do Rio de Janeiro, o delegado Orlando Zaccone defende o princípio de que delegados não foram feitos para prender e que o Poder Judiciário e a grande mídia, com seu discurso punitivista, constroem todo um modelo de controle social que se reflete na política criminal tal qual temos no Brasil. Esse delegado é uma exceção[114], um ponto fora da curva, mas que deveria ser regra, esquivando-se da lógica punitivista por meio da qual somos levados a pensar a todo momento.

As estatísticas apresentadas, bem como o histórico da sociedade brasileira, baseado no racismo estrutural e institucional, inserem-se no contexto de indicadores de que a população negra e pobre no Brasil, em especial a juventude negra, é vítima de um processo de criminalização, extermínio e, como veremos adiante, de encarceramento em massa.

2.2 Sistema prisional brasileiro

Antes de apresentar os dados relativos ao sistema prisional brasileiro, é importante estabelecer uma relação entre Direito e racismo, o primeiro como um agente de racialização na sociedade brasileira. Essa relação pode ser observada em regimes abertamente racistas, como o *Apartheid* na África do Sul, o regime nazista na Alemanha em meados do século XX e as leis de Jim Crow nos EUA até 1963.

Importa destacar que, ao se falar na relação entre racismo e Direito, as instituições jurídicas e seus operadores também devem ser

---

[114] STEVES, B. Delegado é para soltar: As ideias incendiárias de um policial pacifista. *Revista Piauí*, São Paulo, ed. 58, jul. 2011. Disponível em: <https://piaui.folha.uol.com.br/materia/delegado-e-pra-soltar/>. Acesso em: 09.09.2019.

CAPÍTULO II - POLÍTICA CRIMINAL E RACISMO INSTITUCIONAL

considerados, como os juízes, os promotores, os advogados, o sistema de justiça como um todo.

Para Michelle Alexander,[115] a tentativa do Judiciário construir uma análise de neutralidade racial, somada à política de guerra às drogas, abre caminho para o encarceramento em massa e o extermínio da população negra, fenômeno que a autora considera uma renovação da era Jim Crow e uma nova forma de garantir a segregação da população negra.

Por outro lado, transformações sociais foram alcançadas por meio de conquistas jurídicas. A própria abolição da escravidão decorreu da promulgação de uma lei após muita luta social. Além disso, e ainda nos dias de hoje, uma série de legislações garantiu, ainda que no âmbito formal, a construção de um ideário igualitário.

Contudo, embora o Direito tenha a possibilidade de realizar avanços sociais, ao fazer parte da estrutura social e institucional que reproduz o racismo com ações políticas e ideológicas, passa a ser um instrumento limitado na luta contra a desigualdade racial.

A elaboração de normas jurídicas é, sem dúvida, uma vitória simbólica importante, ainda mais quando conquistada mediante intensa luta do movimento negro e social, mas que não garante o fim das desigualdades na estrutura social quando descolada de uma transformação concreta na realidade.

A Declaração Universal dos Direitos Humanos de 1948, ao apresentar diversas resoluções sobre a questão racial, influenciou a elaboração da Lei Afonso Arinos de 1951, que tornou contravenção penal a prática da discriminação racial.[116] Em 1988, com a promulgação da Constituição Cidadã, o racismo passou a ser considerado crime inafiançável e

---

[115] ALEXANDER, M. *A Nova segregação*: racismo e encarceramento em massa. Trad. Pedro Davoglio. São Paulo: Boitempo, 2017.

[116] BRASIL. Casa Civil. Lei Afonso Arinos – Lei 1.390, de 3 de julho de 1951. Inclui entre as contravenções penais a prática de atos resultantes de preconceito de raça ou de côr [*sic*]. Disponível em: <https://presrepublica.jusbrasil.com.br/legislacao/128801/lei-afonso-arinos-lei-1390-51>. Acesso em: 09.09.2019.

imprescritível. No entanto, como em outras ocasiões, os documentos não foram acompanhados de medidas efetivas para a transformação das estruturas reprodutoras de violências e discriminações contra a população negra (as instâncias públicas, a mídia, os espaços do poder). Na prática, o racismo e a discriminação racial são realidades gritantes na sociedade brasileira.

Outro exemplo de lei promulgada após muita luta é a Lei n. 10.629/2003[117], tornando obrigatório o ensino de história da África e cultura afro-brasileira nas escolas, assim como a Lei n. 11.645/2008,[118] que estabelece as diretrizes e bases da educação nacional, de modo a incluir, no currículo oficial da rede de ensino, a obrigatoriedade da temática da história e cultura afro-brasileira e indígena. Embora promulgadas, ambas as leis tiveram dificuldade de serem implementadas no dia a dia escolar, já que sequer os currículos das faculdades de História apresentavam essas disciplinas, o que tornou as leis, até certo ponto, impraticáveis.

Ainda deve-se citar a Lei n. 12.288/2010,[119] que criou o Estatuto da Igualdade Racial, destinado a garantir à população negra a efetivação da igualdade de oportunidades, a defesa dos direitos étnicos individuais, coletivos e difusos e o combate à discriminação e às demais formas de intolerância étnica.

---

[117] BRASIL. Casa Civil. Lei n. 10.639, de 9 de janeiro de 2003. Altera a Lei n. 9.394, de 20 de dezembro de 1996, que estabelece as diretrizes e bases da educação nacional, para incluir no currículo oficial da Rede de Ensino a obrigatoriedade da temática "História e Cultura Afro-Brasileira", e dá outras providências. Disponível em: <http://www.planalto.gov.br/ccivil_03/leis/2003/l10.639.htm>. Acesso em: 09.09.2019.

[118] BRASIL. Casa Civil. Lei n. 11.645, de 10 de março de 2008. Altera a Lei n. 9.394, de 20 de dezembro de 1996, modificada pela Lei no. 10.639, de 9 de janeiro de 2003, que que estabelece as diretrizes e bases da educação nacional, para incluir no currículo oficial da rede de ensino a obrigatoriedade da temática "História e Cultura Afro-Brasileira e Indígena. Disponível em: <http://www.planalto.gov.br/ccivil_03/_ato2007-2010/2008/lei/l11645.htm>. Acesso em: 09.09.2019.

[119] BRASIL. Casa Civil. Lei n. 12.288, de 20 de julho de 2010. Institui o Estatuto da Igualdade Racial; altera as Leis nos. 7.716 de 5 de janeiro de1989, 9.029, de 13 de abril de 1995, 7.347, de 24 de julho de 1985, e 10778, de 24 de novembro de 2003. Disponível em: <http://www.planalto.gov.br/ccivil_03/_Ato2007-2010/2010/Lei/L12288.htm>. Acesso em: 09.09.2019.

CAPÍTULO II - POLÍTICA CRIMINAL E RACISMO INSTITUCIONAL

A partir das conquistas jurídicas da população negra, historicamente discriminada, as instituições garantem o fortalecimento dos laços sociais (impedindo a segregação social), o exercício da pluralidade de visões de mundo e a dedução de interesses aparentemente específicos do grupo. Com uma voz ativa, poderá se construir o consenso a partir de suas concepções, dando, assim, legitimidade democrática às normas de organização social que garantam a redistribuição econômica, uma vez que a maior dificuldade do acesso ao mercado de trabalho de qualidade é característica marcante de povos historicamente discriminados.

No campo do Direito, a política de combate ao racismo ao longo do tempo se reproduz tanto na militância jurídica nos tribunais, a fim de garantir cidadania aos grupos historicamente discriminados, quanto na produção intelectual, a fim de construir teorias que questionem o racismo explicito nas doutrinas e na própria metodologia do ensino do Direito. A história mostra que os explorados e oprimidos estabeleceram estratégias de sobrevivência e modos de vida utilizando-se de instrumentos do Direito, como é o exemplo do advogado abolicionista Luiz Gama.

> No Brasil, Luiz Gama foi o grande exemplo desta luta antissistema, pois sabia que o Direito, mesmo sendo uma ferramenta dos senhores, era preciso saber manejá-lo para quando, no momento oportuno, voltá-lo contra o próprio senhor. Mas para Luiz Gama, é bom que se repita, as ilusões do direito como reino de salvação não tinham vez, e o Direito era apenas uma das armas que, na luta pela liberdade, poderiam e deveriam ser utilizadas contra os senhores.[120]

Na luta pela sobrevivência vale se utilizar de todas as ferramentas possíveis, mas é necessário que tenhamos em mente as limitações de cada uma delas. O uso do Direito é estratégico na luta antirracista contemporânea, porém o destino das políticas públicas, a aplicação das leis e a transformação estrutural que demanda o efetivo fim do racismo, estão,

---

[120] ALMEIDA, S. L. de. *O que é racismo estrutural?* Belo Horizonte: Letramento, 2018, p. 115.

como sempre estiveram, atreladas aos rumos políticos e econômicos da sociedade brasileira.

Tendo em vista a concepção crítica do Direito, sua relação e participação no processo de racialização, assim como a possibilidade de alçar vitórias e a estrutura social que, relacionada ao Direito, leva a uma série de ações que visam ao controle e à criminalização da população negra, faremos uma análise dos dados do sistema prisional brasileiro.

Os anos de 1992 e de 2017 foram marcados por verdadeiras tragédias em estabelecimentos prisionais no Brasil, o que trouxe a necessidade de se refletir sobre mudanças no sistema prisional brasileiro, sobretudo no que diz respeito à gestão da vida no cárcere e, especialmente, ao crescimento exponencial do número de presos e das taxas de encarceramento em todo o país. Atualmente, o Brasil tem a terceira maior população carcerária do mundo, atrás apenas dos Estados Unidos e da China.[121]

Segundo o Banco de Monitoramento de Prisões do Conselho Nacional de Justiça (CNJ),[122] o Brasil possui pelo menos 812.564 presos, dos quais 41,5% (337.126) são presos provisórios – pessoas que ainda não foram condenadas. Entre os presos, cerca de 62% são pretos ou

---

[121] TEIXEIRA, J. C. País tem superlotação e falta de controle dos presídios. *Agência Senado.* 24 jan. 2019. Disponível em: < https://www12.senado.leg.br/noticias/materias/2019/01/24/pais-tem-superlotacao-e-falta-de-controle-dos-presidios>. Acesso em: 09.09.2019.

[122] O banco de monitoramento do CNJ é alimentado diariamente com dados fornecidos pelos tribunais estaduais. A marca de 800 mil presos foi ultrapassada há duas semanas. O número de presos pode ser ainda maior, porque alguns estados não completaram totalmente a implantação do sistema e, por isso, ainda fornecem informações parciais. Segundo o Levantamento Nacional de Informações Penitenciárias do Departamento Penitenciário Nacional (Depen), do Ministério da Justiça – a base de dados do CNJ ainda não tem informações que permitam a comparação com outros anos –, o Brasil tinha 726,7 mil presos em junho de 2016. Naquele mês, a população prisional brasileira havia ultrapassado a marca de 700 mil, segundo os dados do Depen. (BRASIL. Ministério da Justiça e Segurança Pública. Departamento Penitenciário Nacional Depen. *Infopen.* Disponível em: <http://depen.gov.br/DEPEN/depen/sisdepen/infopen/infopen>. Acesso em: 09.09.2019.)

CAPÍTULO II - POLÍTICA CRIMINAL E RACISMO INSTITUCIONAL

pardos. E há ainda em todo o país 366,5 mil mandados de prisão pendentes de cumprimento, dos quais quase a totalidade (94%) de procurados pela justiça. O número é maior que a população da maioria das cidades brasileiras.[123]

A contabilização do CNJ considera presos já condenados e os que aguardam julgamento. São os que estão nos regimes fechado, semiaberto e aberto em Casa do Albergado, uma espécie de abrigo público destinado ao cumprimento de pena, previsto na Lei de Execuções Penais. O monitoramento exclui apenas os presos com tornozeleira eletrônica e os que estão em regime aberto domiciliar.

Os dados do CNJ apontam para um crescente aumento da população prisional brasileira que, de acordo com diagnóstico do Departamento Penitenciário Nacional (Depen), cresce a um ritmo de 8,3% ao ano. Se esse crescimento continuar nessa proporção, o número de presos pode chegar a quase 1,5 milhão em 2025, o equivalente à população de capitais como Belém e Goiânia.

Esse crescimento demonstra que estamos em um processo de encarceramento em massa no Brasil, termo que passou a ser utilizado por pesquisadores das ciências criminais para descrever as mudanças na escala do encarceramento que se iniciaram nos anos 1970, em especial nos Estados Unidos. Conforme destaca o relatório do Instituto Brasileiro de Ciências Criminais:

> Em 2001, a taxa de presos por 100 mil habitantes era de 135; passados pouco mais de uma década, esta cifra subiu para 306, o que representa um crescimento da ordem de 127%. A proporção deste crescimento não deixa dúvidas de que estamos diante de um processo de "encarceramento em massa", noção que passou a ser usada por estudiosos do campo da punição para descrever

---

[123] BARBIÉRI, L. P. CNJ registra pelo menos 812 mil presos no país; 41,5% não tem condenação. *Portal de Notícias G1*. 17 jul. 2019. Disponível em: <https://g1.globo.com/politica/noticia/2019/07/17/cnj-registra-pelo-menos-812-mil-presos-no-pais-415percent-nao-tem-condenacao.ghtml>. Acesso em: 29.07.2019. (grifo do autor).

> as mudanças na escala do encarceramento que se iniciaram nos anos 1970 e tornaram-se visíveis em meados dos anos 1980, especialmente nos Estados Unidos. Mais do que evidenciar o número de encarcerados, autores como *Zimring* e *Hawkins* (1991), *Garland* (1990, 2008) e *Simon* (1997) chamavam a atenção para a desproporcionalidade racial, etária e de gênero, para os altos custos da prisão, e a discutível capacidade da prisão na redução da violência. Assim, a noção combina três distintos fatores que compõem o aumento do encarceramento: sua escala, a aplicação categórica da pena de prisão em situações em que poderiam ser aplicadas outras medidas e a substituição da função correcional da prisão por uma função de gerenciamento de pessoas, como um depósito de indivíduos "indesejáveis".[124]

A promulgação da Lei dos Crimes Hediondos em 1990, lei que passou a limitar a progressão de regime, aumentou o tempo de pena em regime fechado e incluiu o tráfico de drogas no rol de crimes hediondos, é um dos fatores que podem ter influenciado diretamente o processo de encarceramento em massa. Para os não reincidentes nessa modalidade de crime, a lei restringe a liberdade condicional após o cumprimento de dois terços da pena e não um terço, conforme rege o Código Penal.

De acordo com dados fornecidos pelo Depen[125] e tendo em vista sua precariedade (por não se basear em toda a informação do sistema prisional), é possível dizer que a população carcerária brasileira é formada em sua maioria por homens, jovens e negro, e que cerca de 70% dessas pessoas presas respondem por delitos de duas naturezas: drogas e patrimônio.

---

[124] SILVESTRE, G.; MELO, F. A. L de. Encarceramento em massa e a tragédia prisional brasileira. *Boletim Instituto Brasileiro de Ciências Criminais*. São Paulo, n. 293, abr. 2017. Disponível em: <https://www.ibccrim.org.br/boletim_artigo/5947-Encarceramento-em-massa-e-a-tragedia-prisional-brasileira>. Acesso em: 29.07.2019. (grifos do autor)

[125] BRASIL. Ministério da Justiça e Segurança Pública. Departamento Penitenciário Nacional Depen. *Base de dados*. Disponível em: <http://depen.gov.br/DEPEN/depen/sisdepen/infopen/bases-de-dados/bases-de-dados>. Acesso em: 09.09.2019.

CAPÍTULO II - POLÍTICA CRIMINAL E RACISMO INSTITUCIONAL

Em 2006, a promulgação da chamada "nova lei de drogas", que fora elaborada com a ideia de descriminalização do uso de entorpecentes e, consequentemente, o fim do encarceramento de usuários de drogas, teve o efeito reverso, pois a diferenciação entre usuário e traficante foi relativizada, fazendo com que a determinação se baseasse em idade, cor e território.

Os crimes patrimoniais, em sua maioria roubos e furtos, são responsáveis por levar para o cárcere, em grande parte dos casos, pessoas cujos objetos subtraídos valem menos do que o custo mobilizado para mantê-las atrás das grades. Os crimes contra a vida, que representam cerca de 10% das prisões, demonstram, de certo modo, a incapacidade do sistema de justiça de priorizar a preservação da vida. Como já apontamos, os números de homicídios são alarmantes, mas os esforços se dão em torno do processamento dos crimes ligados ao patrimônio, o que demonstra que, para o Estado brasileiro, a preservação do patrimônio é mais importante do que a vida das pessoas. Como destacado por Sinhoretto,[126] o predomínio da preocupação com a administração de conflitos ligados à circulação da riqueza pode ser observado no perfil dos presos.

As prisões são produzidas a partir de uma lógica punitivista, uma demanda de diversos setores da sociedade que corrobora a lógica criminalizante e é reforçada pelos aparelhos de comunicação. Além disso, o Sistema Judiciário, permeado pela lógica de um Estado racista, opera de modo a tratar o encarceramento como um recurso punitivo eficaz. A conjunção desses fatores, somada ao crescimento ininterrupto do número de unidades prisionais – representantes de uma política de desenvolvimento regional e de geração de trabalho e renda em regiões do Estado com pouca presença de outras políticas públicas –, produz, para fora das muralhas das prisões, um desenvolvimento assentado numa cultura de criminalização.

Dessa forma, podemos afirmar que é a necropolítica, conceito apresentado por Achille Mbembe e abordado no capítulo anterior, que

---

[126] SINHORETTO, J. Reforma da justiça: gerindo conflitos numa sociedade rica e violenta. *Diálogos sobre Justiça*, Brasília, vol. 2, 2014, p. 49-56.

o Estado opera, numa perversa combinação de presenças e ausências. Trata-se da combinação de uma cultura de produção do criminoso (como inimigo público a ser combatido e/ou eliminado) e a cisão entre garantia de direitos e segurança prisional, aumentando os níveis de tensão entre quem está privado de liberdade e quem trabalha nas prisões.

Dentro das prisões, determinadas ausências, como a falta de ambientes para execução dos serviços sociais básicos previstos em lei e falta de equipes técnicas e de políticas públicas, produzem no dia a dia uma gestão de privilégios operada, em grade parte, pelo crime organizado. É este que cumpre a função de regular as relações nos ambientes de convívio, ao passo que o Estado se beneficia exatamente dessa "ordem" regulada pelos grupos criminais.

> (...) as prisões jamais – e em lugar nenhum do mundo – demonstraram eficiência em reduzir o crime ou a violência. Ao contrário, especialmente no Brasil e nas últimas três décadas, elas têm demonstrado o seu papel fundamental como espaços onde o crime se articula e se organiza, dentre outras coisas, através de um eficientíssimo sistema de recrutamento de novos integrantes para compor as redes criminais que tem no Estado o seu aliado principal. Não fosse o Estado, não teríamos facções – ao menos não da forma como tais grupos existem no Brasil. Isso é um fato indiscutível.[127]

As principais organizações criminais do país nasceram e cresceram dentro de unidades prisionais, antes mesmo de se expandirem para os bairros e periferias pobres dos centros urbanos. Além disso, foram essas organizações que iniciaram o processo de tráfico internacional. Isso significa que é possível afirmar que o Estado, ao optar por uma forma de combate ao crime que privilegia os delitos contra a propriedade e as

---

[127] DIAS, C. N.; GONÇALVEZ, R. T. Apostar no encarceramento é investir na violência: a ação do Estado da produção do caos. *Portal de Notícias G1*. Monitor da Violência. 26 abr. 2019. Disponível em: <https://g1.globo.com/monitor-da-violencia/noticia/2019/04/26/apostar-no-encarceramento-e-investir-na-violencia-a-acao-do-estado-na-producao-do-caos.ghtml>. Acesso em: 29.07.2019.

CAPÍTULO II - POLÍTICA CRIMINAL E RACISMO INSTITUCIONAL

drogas – em vez dos homicídios, por exemplo – e pela prisão como resposta única ao "crime", reforça uma determinada lógica. Quando o Estado opta por encarcerar pessoas que não têm vínculos com grupos criminais, coloca-as sob a proteção de uma facção e, a partir disso, elas se encaminham para a sua inserção em redes criminais mais ou menos complexas.

> Mais grave ainda é verificar que, em regra, a resposta que essas mesmas autoridades oferecem são as mesmas promessas mágicas de sempre. As propostas – como podemos ver, por exemplo, no chamado pacote "anticrime" – apostam na continuidade do mesmo que vem sendo feito desde sempre, não se baseia em quaisquer das centenas de estudos e pesquisas que estão à disposição das autoridades, não apresentam diagnósticos, metas, objetivos nem qualquer planejamento coerente que leve em consideração o quanto poderemos suportar – econômica, política e socialmente falando – a manutenção da política de encarceramento vigente e que reitera, fortalece e multiplica as condições para a perpetuação e a reprodução das tragédias.[128]

Também relacionada à precarização do sistema prisional está a superlotação, que atingiu 69,3% em 2019. Há estados em que o número de presos é maior que o dobro do número de vagas disponibilizadas, como no Amapá, Amazonas, Distrito Federal, Goiás, Mato Grosso do Sul, Roraima e Pernambuco. A superlotação do sistema prisional é um grande entrave ao oferecimento de condições dignas de cumprimento de pena no país. Dados apontam que menos de 19% dos presos trabalham e menos de 13% estudam.[129]

---

[128] DIAS, C. N.; GONÇALVEZ, R. T. Apostar no encarceramento é investir na violência: a ação do Estado dn produção do caos. *Portal de Notícias G1*. Monitor da Violência. 26.07.2019. Disponível em: <https://g1.globo.com/monitor-da-violencia/noticia/2019/04/26/apostar-no-encarceramento-e-investir-na-violencia-a-acao-do-estado-na-producao-do-caos.ghtml>. Acesso em: 29.07.2019.

[129] DIAS, C. N.; GONÇALVEZ, R. T. Apostar no encarceramento é investir na violência: a ação do Estado dn produção do caos. Portal de Notícias G1. Monitor da Violência. 26.07.2019. Disponível em: <https://g1.globo.com/monitor-da-violencia/

A ausência de políticas públicas de educação e trabalho, entre outras políticas previstas na Lei de Execuções Penais, contribui para as péssimas perspectivas de reinserção social uma vez cumprida a pena. É fundamental que sejam desenvolvidas políticas de atenção aos egressos do sistema prisional.

É necessária a implantação de medidas específicas voltadas para a gestão prisional, incluindo a adoção de um modelo que oriente a política prisional no país, de modo a estabelecer princípios e fluxos de gestão dos estabelecimentos dessa natureza e organizar as estruturas estaduais da administração penitenciária. Qualificação e institucionalização das carreiras de servidores penais são também providências urgentes.

2.3 Guerra às drogas e encarceramento em massa

No começo do século XX, a criminalização da população negra, até então produzida pela lei da vadiagem e criminalização da cultura negra (como a prática de capoeira), passou a ser dirigida à criminalização do consumo e comércio de drogas. O Brasil, a partir da década de 1930, passou a punir o usuário, e a política de combate às drogas tornou-se um mecanismo para controle de grupos específicos. Desde essa época, as sentenças sobre porte de drogas ocorrem com um tratamento diferente entre pessoas negras e brancas.

Especificamente sobre o impacto da política de drogas sobre o sistema de justiça criminal, Marcelo Campos[130] apresenta dados quantitativos quanto à criminalização relacionada a drogas na cidade de São Paulo entre os anos de 2004 e 2009. Campos analisa o perfil social dos indivíduos envolvidos nos delitos de drogas registrados em dois distritos

---

noticia/2019/04/26/apostar-no-encarceramento-e-investir-na-violencia-a-acao-do-estado-na-producao-do-caos.ghtml>. Acesso em: 29.07.2019.

[130] CAMPOS, M. da S. *Pela metade*: as principais implicações da nova lei de drogas no sistema de justiça criminal em São Paulo. 2015. Tese (Doutorado em Sociologia) – Universidade de São Paulo, São Paulo, 2015. Disponível em: <http://www.teses.usp.br/teses/disponiveis/8/8132/tde-31072015-151308/pt-br.php>. Acesso em: 29.07.2019.

CAPÍTULO II - POLÍTICA CRIMINAL E RACISMO INSTITUCIONAL

policiais da capital paulista, buscando, com isso, compreender as práticas estatais na administração de conflitos, com base no período antes e depois da promulgação da chamada nova lei de drogas. Na pesquisa, o autor conclui que "tais políticas e práticas diferenciam os ilegalismos, acionando desigualmente os mecanismos de estigmatização de acordo com o *status*, o grupo e a classe social de cada indivíduo incriminado por drogas em São Paulo".

A análise do formato do combate ao tráfico de entorpecentes por meio do sistema de justiça criminal constituído no Brasil demonstra que o fluxo do tráfico de drogas não é um funil, com muitas ocorrências registradas na polícia e poucas processadas e punidas na justiça (como os casos de homicídios no país), mas um cilindro: quase tudo que entra no sistema de justiça criminal, especialmente por meio do flagrante, tende a ser processado e sentenciado rapidamente.

Essa constatação revela o poder que os policias possuem de criar a distinção entre quem é considerado traficante e quem é tratado como usuário, determinando o comportamento posterior do Judiciário, o que acarreta sanções muito distintas. Os acusados por tráfico de entorpecentes têm processamento acelerado pelo flagrante ou pela presença de mais de um registro pelo mesmo crime, compondo exemplos de funcionamento da "justiça em linha de montagem". Azevedo e Sinhoretto, em artigo sobre o sistema de justiça criminal nas perspectivas antropológica e sociológica, destacam:

> Baseado em pesquisa das representações sociais dos operadores da justiça, [nosso] trabalho destaca a percepção de ineficiência da justiça criminal para os crimes de homicídio, aliada à percepção de abandono da população e das instituições estatais pelo poder público. Nas entrevistas e nos grupos focais com peritos criminais, delegados de polícia civil, promotores e juízes, foram enfatizadas as disputas entre as organizações que participam da divisão de trabalho jurídico-penal. Acusações mútuas e dirigidas ao governo estadual deram a tônica da avaliação dos operadores quanto ao fluxo. Peritos criminais dirigem críticas à ausência de relevância dos laudos técnicos na fase judicial. O Ministério Público foi

99

retratado como uma instituição de recursos abundantes, materiais e institucionais, mas pouco engajada em operar judicialmente para a melhoria das condições de trabalho de peritos e policiais. Os promotores, por sua vez, abordaram a escassez e as deficiências institucionais em todos os serviços públicos da região metropolitana de Brasília, cujas consequências rebatem no sistema de justiça criminal. Também observam a precariedade de suas condições de trabalho, com sobrecarga e ausência de investigações criminais de qualidade para subsidiar sua própria atuação. Observam precariedades no trabalho de peritos, juízes e nas condições de defesa dos réus, ainda que considerem a atuação dos juízes como menos trabalhosa do que a sua. Os juízes, por sua vez, diante da precariedade também relatada, aderem a visões punitivistas, considerando a fixação de penas altas para os réus que vão a julgamento um ato simbólico importante para fazer frente contra a impunidade da maioria dos homicídios e para evitar que os réus presos voltem a cometer crimes durante o período da pena. Enfatizam a função retributiva da pena, mais do que a finalidade de reabilitação do condenado.[131]

Como já destacado, o crescimento físico do sistema prisional se reflete no crescimento do encarceramento; um exemplo bastante ilustrativo dessa constatação é o Estado de São Paulo que, nos últimos vinte anos, construiu mais de 120 prisões em diversas cidades do estado e teve sua taxa de encarceramento aumentada em 200%.[132] Atualmente, São Paulo tem uma das maiores taxas de encarceramento do país (cerca de 506 presos por 100 mil habitantes)[133] e o maior sistema prisional, com

---

[131] AZEVEDO, R. G. de;. SINHORETTO, J. O sistema de justiça criminal na perspectiva da antropologia e da sociologia. *BIB*. São Paulo, n. 84, fev. 2017. Disponível em: <https://anpocs.com/index.php/bib-pt/bib-84/11104-o-sistema-de-justica-criminal-na-perspectiva-da-antropologia-e-da-sociologia/file>. Acesso em: 29.07.2019.

[132] SILVESTRE, G.; MELO, F. A. L de. Encarceramento em massa e a tragédia prisional brasileira. *Boletim Instituto Brasileiro de Ciências Criminais*. São Paulo, n. 293, abr. 2017. Disponível em: <https://www.ibccrim.org.br/boletim_artigo/5947-Encarceramento-em-massa-e-a-tragedia-prisional-brasileira>. Acesso em: 29.07.2019.

[133] VELASCO, C.; REIS, T. Com 355 encarceradas a cada 100 mil, Brasil tem taxa de aprisionamento superior a maioria dos países do mundo. *Portal de Notícias G1*. Monitor

CAPÍTULO II - POLÍTICA CRIMINAL E RACISMO INSTITUCIONAL

169 unidades, de acordo com a Administração Penitenciária do Governo do Estado.[134]

A construção dessas prisões ao longo das últimas décadas não representou melhorias no interior do cárcere, e o défice no sistema prisional nunca deixou de existir, pois o aumento do número de vagas é sempre inferior à taxa de encarceramento.

É necessário construir uma política de desencarceramento no país para diminuir o crescimento da população prisional e, para tanto, criar iniciativas que fortaleçam as penas alternativas, por exemplo, ainda incipientes em nosso sistema. Além disso, é necessário criar uma articulação efetiva entre os três poderes para a implementação de políticas de segurança e justiça que não tenham apenas o encarceramento como medida punitiva.

A Lei 12.403/2011,[135] que possibilita ao juiz a decretação de diversas medidas cautelares diferentes da prisão, e a iniciativa do Poder Judiciário de implementar as Audiências de Custódia em todo o país são exemplos de articulação entre os três poderes no campo das políticas de desencarceramento a serem estimulados e que podem fazer a diferença no curso do encarceramento em massa. Outra medida que deve ser estimulada é a celeridade no julgamento dos casos de presos provisórios (aqueles que ainda não tiveram sua culpa comprovada por parte da justiça), que perfazem um total de cerca de 36% da população prisional brasileira.

---

da Violência. Disponível em: <https://g1.globo.com/monitor-da-violencia/noticia/2019/04/28/com-335-pessoas-encarceradas-a-cada-100-mil-brasil-tem-taxa-de-aprisionamento-superior-a-maioria-dos-paises-do-mundo.ghtml>. Acesso em: 29.07.2019.

[134] SÃO PAULO. Governo de São Paulo. *SP Notícias*. Disponível em: <http://www.saopaulo.sp.gov.br/acoes-governo/administracao-penitenciaria/>. Acesso em: 29.07.2019.

[135] BRASIL. Casa Civil. *Lei n. 12.403, de 4 de maio de 2011.* Altera dispositivos do Decreto-Lei no. 3.689, de outubro de 1941 – Código do Processo Penal, relativos à prisão processual, fiança, liberdade provisória, demais medidas cautelares, e dá outras providências. Disponível em: <http://www.planalto.gov.br/ccivil_03/_Ato2011-2014/2011/Lei/L12403.htm>. Acesso em: 29.07.2019.

Além disso, é necessário construir um processo de descriminalização e legalização das drogas no Brasil. As arbitrariedades que envolvem a política de guerras às drogas demonstram que a criminalização das drogas serve apenas para reforçar o processo de tornar criminosa uma parcela da população. Luiz Eduardo Soares mostra que o tráfico de drogas, hoje em dia, beneficia principalmente os próprios traficantes:

> Caso os fatos empíricos valessem, todos já teriam aprendido as lições mais triviais: segundo o Escritório das Nações Unidas sobre Drogas e Crime (UNODC), o tráfico internacional de drogas ilegais movimentou, em 2005, 320 bilhões de dólares, valor superior ao PIB de 88% doas países. Apesar dos custos bilionários, nem o consumo nem os preços foram afetados. Os únicos beneficiários têm sido o tráfico e os setores da economia que lucram com armas, equipamentos militares e instrumentos de segurança, além dos titulares políticos da moralidade dos costumes e dos governos, que precisam de inimigos para promover a coesão ameaçada por crises e descrédito.
>
> A guerra às drogas constitui o mais escandaloso fracasso de política pública transnacional continuada de que se tem notícia, nas últimas décadas, sem que o resultado pareça importar aos governos que a implementam, o que demonstra o quão valiosos são os ganhos secundários e as vantagens setoriais.[136]

O fracasso da criminalização das drogas é tão evidente quanto previsível, pois as drogas são usadas desde as origens da história da humanidade. Milhões de pessoas fazem o uso delas todos os dias, seja das lícitas (como o café, que mantém a todos acordados no dia de trabalho), seja das ilícitas (como a maconha). O aumento da repressão não muda essa realidade; sempre há e haverá quem queira usar essas substâncias. Havendo demanda, haverá pessoas correndo o risco de produzir e vender. Vale lembrar que um dos princípios básicos do capitalismo é a lei de oferta e demanda.

---

[136] SOARES, L. E. *Desmilitarizar*. São Paulo: Boitempo, 2019, p. 158.

CAPÍTULO II - POLÍTICA CRIMINAL E RACISMO INSTITUCIONAL

Os dispositivos legais que criminalizam e institucionalizam essa política são baseados em uma distinção entre substâncias psicoativas tornadas ilícitas (maconha, cocaína, craque etc.) e outras substâncias da mesma natureza que permanecem lícitas (álcool, tabaco, cafeína etc.). Todas são substâncias que provocam alterações no psiquismo e que podem gerar dependência. Além de poder causar doenças físicas e mentais, são potencialmente perigosas e viciantes, a depender da situação concreta. A abstinência não é a resposta para lidar com os possíveis problemas de saúde supostamente causados por essas substâncias. A escolha por criminalizar apenas uma parcela e comercializar outra passa mais por interesses comerciais e coorporativos do que pela intenção de proteger a sociedade, além de representar escolhas morais e políticas, como destaca Soares:

> Não há razão para que a maconha e a cachaça se tornem objeto de políticas cujas metas sejam a abstinência, em um caso, e a temperança ou a moderação, no outro. Não há nada na substância material desses produtos que determine um ou outro caminho, uma ou outra finalidade. Na verdade, há outro fim no mascaramento do caráter arbitrário dessas classificações e das atribuições de periculosidade: firmar e difundir a suposição de que há base substantiva para o exercício legiferante. O objetivo é formar a crença na existência de uma base substantiva para o exercício da autoridade repressiva do Estado. O poder político encontraria legitimidade por derivar seu funcionamento da ordem da necessidade, uma vez que suas ações decorreriam de imperativos morais, racionais e ontológicos. A base material de suas decisões equivaleria a uma plataforma sólida, arremedo de ontologia ungida de valor.[137]

Traficantes, empresários e empregados de empresas produtoras e distribuidoras de entorpecentes, quando mortos ou presos, são logo substituídos por outros, seja pelo interesse em acumular capital, seja por necessitar de trabalho.

---

[137] SOARES, L. E. *Desmilitarizar*. São Paulo: Boitempo, 2019, p. 160.

A proibição não é apenas uma política falida: mais do que não atingir o objetivo de acabar com as drogas, ela produz efeitos muito graves. O mais evidente e dramático é a violência, produto lógico de uma política de guerra. A guerra às drogas é que gera violência, tendo em vista que a produção e o comércio de drogas não são atividades violentas em si mesmas. Mas o fato de serem ilegais insere os fabricantes na criminalidade e, simultaneamente, traz a violência como subproduto de suas atividades econômicas.

A guerra às drogas no Brasil é essencialmente uma guerra à pobreza, aos negros e negras, funcionando como justificativa para um crescente quadro de violação de direitos e degradação da dignidade da vida.

Por meio da necropolítica reproduzida pelo Estado brasileiro, garante-se a ausência de serviços públicos em áreas importantes para parcela da sociedade, como educação, serviços de cultura e saúde, substituindo-os pela criminalização e encarceramento. Uma profunda transformação na estrutura social brasileira – passando não só pela superação do racismo, mas também do sistema capitalista, que se estrutura para produzir o encarceramento em massa e o extermínio da população negra – é necessária, como veremos a seguir.

2.4 Índice de vitimização da população negra no Brasil

O *Atlas da violência 2019*,[138] organizado pelo Fórum Brasileiro de Segurança Pública e pelo Instituto de Pesquisa Econômica Avançada (IPEA), mostrou dados alarmantes sobre a taxa de assassinatos, em especial contra jovens, mulheres, negros e a população LGBTQI+ no Brasil.

---

[138] INSTITUTO de Pesquisa Econômica Avançada; Fórum Brasileiro de Segurança Pública (Org.). *Atlas da violência 2019*. Brasília: INSTITUTO de Pesquisa Econômica Avançada; Fórum Brasileiro de Segurança Pública. Disponível em: <http://www.ipea. gov.br/portal/images/stories/PDFs/relatorio_institucional/190605_atlas_da_violencia_ 2019.pdf>. Acesso em: 24.07.2019.

CAPÍTULO II - POLÍTICA CRIMINAL E RACISMO INSTITUCIONAL

O estudo revela que 65.602 pessoas foram assassinadas no ano de 2017, dados do Sistema de Informações sobre Mortalidade do Ministério da Saúde. O *Atlas* revela o maior índice de letalidade violenta intencional no país, uma taxa de 31,6 mortes violentas para cada 100 mil habitantes.

Esses dados apontam para uma situação ainda mais dramática quando levamos em conta que a violência letal acomete principalmente a população jovem e negra. De acordo com o *Atlas*, 59,1% do total de óbitos de homens entre 15 e 19 anos de idade são ocasionados por homicídio. A taxa de homicídios por 100 mil negros foi de 43,1, ao passo que a taxa de não negros (brancos, amarelos e indígenas) foi de 16,0. Ou seja, proporcionalmente às respectivas populações, para cada indivíduo não negro que sofreu homicídio em 2017, aproximadamente, 2,7 negros foram mortos.

O *Atlas da violência 2019* descreve a piora na desigualdade de letalidade racial no Brasil. No período de uma década (2007 a 2017), a taxa de negros cresceu 33,1%, já a de não negros apresentou um pequeno crescimento de 3,3%. Analisando apenas a variação em relação aos dados de 2016, percebe-se que, enquanto a taxa de mortes de não negros apresentou relativa estabilidade, com redução de 0,3%, a de negros cresceu 7,2%.

É notório, pois, que enquanto o índice de homicídios contra a população não negra caiu, a de negros aumentou. Essa desigualdade racial pode ser vista também quando verificamos a proporção de mulheres negras entre as vítimas da violência letal, a saber, 66% de todas as mulheres assassinadas no país em 2017.

A pesquisa destaca segmentos sociais em que esses índices se tornam gritantes, como é o caso da juventude. No ano de 2017, foram assassinados 35.783 jovens entre 15 e 29 anos, uma taxa de 69,9 mortes a cada 100 mil habitantes. No caso das mulheres, o relatório aponta para um aumento de 30,7% no número de homicídios; destas, as mulheres negras representam 66% do total de mulheres assassinadas de forma violenta.

TAMIRES GOMES SAMPAIO

A pesquisa demonstrou, de forma geral, um aprofundamento dos indicadores de violência contra a população negra, sendo que 75,5% das vítimas de homicídios em 2017 foram negros (a soma de pretos e pardos, segundo a classificação do IBGE, sistema utilizado pelo Ministério da Saúde). Em consonância com os dados apresentados pelo *Altas*, o relatório da CPI de Homicídios contra Jovens Negros do Senado, de 2016, destacou que a cada três minutos um jovem negro morre no Brasil.

Na edição do *Atlas* a que nos referimos foi apresentado ainda um estudo focado na violência contra a população LGBTQI+, estudo que relatou a dificuldade de se obterem dados concretos em relação ao índice de violência contra esse grupo, já que não existe sequer um estudo sobre o número de LGBTQI+ no país para que se possa fazer o correto cruzamento dos dados. A pesquisa usa dados do "Disque 100" e dos registros administrativos do Sistema de Informação de Agravos de Notificação (Sinan), do Ministério da Saúde. Por meio desses dados, chegou-se à constatação de que houve crescimento de 127% de denúncias de homicídio contra a população LGBTIQI+ no ano de 2017.

O relatório também mostra dados sobre o aumento de violência com armas de fogo e faz uma reflexão sobre o papel do Estatuto do Desarmamento para a diminuição dos homicídios. Trata, ademais, da relação direta da guerra às drogas com o índice recorde de homicídios em 2017.

O debate sobre a segurança pública no Brasil vem adquirindo, cada vez mais, centralidade na sociedade, e os índices apresentados pelo *Atlas* mostram a necessidade de discussão sobre as formas de combater a violência sistematicamente. O Brasil tem um das policias que mais mata e mais morre do mundo, taxas de homicídios equiparadas à de países em guerra e a terceira maior população carcerária do mundo; a sensação de impunidade é crescente e isso nos leva a concluir que a atual política não está dando certo.

Quando analisamos os dados pelo recorte racial, o debate torna-se mais grave, pois fica claro a política de extermínio da população negra

CAPÍTULO II - POLÍTICA CRIMINAL E RACISMO INSTITUCIONAL

em curso no país. É fruto do racismo estrutural em uma sociedade que ainda hoje possui uma cultura escravocrata e que não conseguiu acabar com as desigualdades sociais e raciais.

Em maio deste ano, cento e trinta e dois anos de abolição da escravidão foram completados.

Capítulo III

PROCESSO DE RACIALIZAÇÃO, GENOCÍDIO E OBSTÁCULOS À CIDADANIA DA POPULAÇÃO NEGRA

Mesmo com a conquista da Constituição Cidadã, como é conhecida a Constituição Federal de 1988, com a criminalização do racismo e a igualdade formal que todos os brasileiros teoricamente possuem, o racismo estrutural opera como um códido oculto que garante a manutenção das estrutruras sociais brasileiras, impedindo o acesso à cidadania e executando um projeto genocida contra a população negra no Brasil.

O racismo sempre se relaciona à constituição de uma sociedade de classes. Por isso, contrapor raça e classe como objetos de análise sobre as desigualdades é um falso dilema, visto que a divisão dos grupos na sociedade em torno da classe possui o próprio racismo como condutor imperativo, conforme destaca Silvio Almeida:

> (...) o racismo não deve ser tratado como uma questão lateral, que pode ser dissolvida na concepção de classes, até por que uma noção de classe que desconsidera o modo com que esta mesma classe se expressa enquanto relação social objetiva. São indivíduos concretos que compõem as classes à medida que se constituem concomitantemente como classe e como minoria nas condições

estruturais do capitalismo. Assim, classe e raça são elementos socialmente sobredeterminados.[139]

Para Clóvis Moura, desde a escravidão, a luta dos negros se constitui como uma manifestação da luta de classes, de forma que a lógica do racismo é inseparável da lógica da sociedade de classes no Brasil. Não há que se falar em consciência de classe sem consciência da questão racial no Brasil. Nunca existirá respeito às diferenças em um país em que as pessoas são assassinadas e morrem de fome nas ruas devido a sua cor da pele.

O projeto criado em torno do desenvolvimento do Brasil foi estruturado pela ideologia racial e, por isso, não possibilitou a distribuição de renda, tanto quanto desconsiderou o bem-estar da sociedade como um todo e a busca pela igualdade. O crescimento econômico privilegiou o sufocamento da democracia, desconsiderando os conflitos sociais, em especial os que envolvem as questões raciais. O conceito de desenvolvimento, assim, refere-se ao desenvolvimento dentro dos limites da sociedade capitalista.

> Não existe, portanto, desenvolvimento sem subdesenvolvimento. A escolha por um projeto de desenvolvimento nacional é a escolha por entrar ou não em um conflito interno e externo por uma posição de dominação ou de subordinação dentro do jogo do capitalismo.[140]

Percebe-se, então, que não há possibilidade de discutir o desenvolvimento do país sem que as categorias de raça e gênero sejam consideradas como centrais na análise nos campos simbólico e prático. A Economia possui uma relação sistêmica e estrutural com a crise e, em contextos de crise, o racismo opera como um sistema de racionalidade que considera uma normalidade o fato de jovens negros, pobres, moradores

---

[139] ALMEIDA, S. L. de. *O que é racismo estrutural?* Belo Horizonte: Letramento, 2018, p. 145.

[140] ALMEIDA, S. L. de. *O que é racismo estrutural?* Belo Horizonte: Letramento, 2018, p. 151.

CAPÍTULO III - PROCESSO DE RADIALIZAÇÃO, GENOCÍDIO...

de periferia, trabalhadores e minorias sexuais serem vítimas de fome ou de epidemias e serem eliminados violentamente pelo Estado.

Para superarmos verdadeiramente o racismo, é necessário considerá-lo como elemento estrutural dos processos de dominação e, a partir disso, construir modos alternativos de organização na sociedade. Para tanto, é necessário compreender que toda a estrutura social brasileira carrega traços de controle e dominação formados desde o período escravocrata, conforme destacamos no primeiro capítulo e conforme demonstraram Silvio de Almeida e Julio Velloso:

> O Brasil nasceu como nação, forjou seu primeiro discurso sobre quem era o seu povo, criou a sua primeira literatura, forjou o seu direito, sustentou a sua monarquia, em um país que estava assentado neste pacto violento de todos contra os escravos. Se os pressupostos gerais deste artigo estiverem corretos, eles abrem uma certa pauta de investigação que deve buscar compreender como a escravidão contribuiu para forjar as estruturas sociais que hoje, no Brasil, caracterizam-se por um sistema de reprodução de desigualdades que se assenta na discriminação racial. Se a desigualdade brasileira criou uma "ralé", isto se deu segundos padrões racializados, cuja lógica, ainda que não possa ser reduzida a isso, remonta ao que chamamos de pacto social contra os negros celebrado ao tempo da escravidão, e que permaneceu nos períodos posteriores na forma do racismo científico aclimatado ao Brasil e das mistificações em torno da "democracia racial". Considerada a profunda crise econômica que vivemos e o processo de descarte de amplas parcelas da população que não podem ser incluídas nem na condição de empregadas, nem na de exército de reserva, os ecos deste pacto de todos contra escravizados fornecem parte do sentido e funcionalidade administrativa para o extermínio em massa dos indesejáveis, especialmente a população negra.[141]

---

[141] VELLOZO, J. C.; ALMEIDA, S. L. de. O pacto de todos contra os escravos no Brasil imperial. *Revista Direito e Práxis*. Rio de Janeiro, vol. 10, n. 3, 2019. Disponível em: < https://www.e-publicacoes.uerj.br/index.php/revistaceaju/article/view/40640/30317>. Acesso em: 10.09.2019.

Vivemos hoje, no Brasil, um momento de crise econômica e política, tratada com uma política de corte das fontes de financiamento dos direitos sociais, a fim de transferir uma parcela do orçamento público para o setor privado por meio dos juros da dívida pública. A meritocracia surge, nesse momento, do aparelho ideológico, para justificar o desmonte dos setores sociais do Estado e da rede de proteção aos trabalhadores. Ao mesmo tempo em que se naturaliza a figura do inimigo, do bandido que ameaça as relações sociais, a política de manutenção da ordem e a prevenção de riscos produzem uma série de violências contra a população pobre e negra. Tudo isso legitimado pelos programas policiais sensacionalistas.

O racismo é uma manifestação das estruturas do sistema capitalista forjadas na escravidão. A discriminação e a desigualdade racial são elementos constitutivos das relações mercantis e das relações de classe, de modo que, para se perpetuar, o capitalismo necessita renovar o racismo, por exemplo, substituindo as formas de discriminação expressas na lei por mecanismos sociais que façam perdurar a desigualdade social, não garantindo determinados serviços públicos pelo Estado.

3.1 Racialização e cidadania da população negra

De acordo com Moreira, racialização é uma forma de construção de diferenciação dos indivíduos com o objetivo de estabelecer as relações de poder na estrutura social por meio da diferenciação de raça. A criação das categorias negro e branco, por exemplo, surge da necessidade de atribuir sentido a traços fenotípicos para que a dominação de um determinado grupo social sobre outro seja legitimada. Portanto, devemos entender raça como uma construção social que visa justificar projetos de dominação baseados na hierarquização entre grupos com características físicas distintas. "Ao construirmos minorias raciais como grupos com traços morais específicos, membros do grupo racial dominante podem justificar um sistema de dominação que procura garantir a permanência de oportunidades sociais nas suas mãos".[142]

---

[142] MOREIRA, A. *Racismo recreativo*. São Paulo: Ed. Pólen Livros, 2019, p. 41.

CAPÍTULO III - PROCESSO DE RADIALIZAÇÃO, GENOCÍDIO...

Silvio Almeida afirma que o racismo estrutural e a construção do mito da democracia racial criaram consequências violentas para a população negra: na superfície, o Brasil é registrado como uma sociedade multirracial e igualitária; em suas estruturas, o negro é excluído e criminalizado. O sistema capitalista só é possível com a existência de um Estado que garante, em sua estrutura social e institucional, a reprodução, em sua superestrutura, de todo um aparato ideológico, político, cultural, filosófico etc.

O racismo como ideologia se caracteriza na base de toda a estrutura do Estado e se reproduz em todas as relações sociais e institucionais, sejam elas formais, com a consolidação de leis que atingem e criminalizam diretamente a população negra, sejam materiais, com os altos índices de homicídios contra a população negra[143].

A ideologia da democracia racial, demarcada a partir dos anos 1930 como dispositivo inserido no imaginário dos sujeitos, de modo a criar a noção de que não há desigualdades relacionadas à raça no Brasil, consolidou os instrumentos e técnicas de dominação política, econômica e racial, em uma narrativa que legitima a violência e as desigualdades raciais.

> (...) a situação da população negra poderia ser explicada pelo que se denominava de causas cumulativas. Um exemplo: se pessoas negras são discriminadas na educação, é provável que tenham dificuldade para conseguir um trabalho. A educação precária também leva à desinformação quanto aos cuidados que se deve ter com a saúde. O resultado é que com menos dinheiro e menos informação relativos aos cuidados com a saúde, a população negra terá maiores dificuldades não apenas para conseguir um trabalho, mas para nele se manter. Além disso, a pobreza, a pouca educação formal e a falta de cuidados médicos ajuda a reforçar os estereótipos racistas, tais como a esdrúxula ideia de que negros tem pouca propensão para trabalhos intelectuais, completando-se assim um circuito fechado em que a discriminação gera ainda mais discriminação.[144]

---

[143] ALMEIDA, S. L. de. *O que é racismo estrutural?* Belo Horizonte: Letramento, 2018, p. 50

[144] ALMEIDA, S. L. de. *O que é racismo estrutural?* Belo Horizonte: Letramento, 2018, p. 123.

É por meio dessa concepção que se naturalizou, na sociedade, a presença dos negros nos lugares de subalternidade e dos brancos no lugar de poder. O racismo não é um reflexo da escravidão nos dias de hoje, mas um instrumento que se constituiu nas estruturas do capitalismo, estruturas, por sua vez, forjadas pela escravidão e que, de acordo com as tensões e contradições sociais, devem ser renovadas nos modos de reprodução e de internalização.

Vale reiterar que a crise econômica e política no Brasil hoje, com os cortes das fontes de financiamento dos direitos sociais, tem a finalidade de transferir uma parcela do orçamento público para o setor privado. A meritocracia surge no aparelho ideológico, nesse contexto, para justificar o desmonte dos setores sociais do Estado e da rede de proteção aos trabalhadores. Opera-se a naturalização da figura do inimigo, do bandido que ameaça as relações sociais. Trata-se de uma política de manutenção da ordem e de prevenção de riscos que produz uma série de violências contra a população pobre e negra, violências legitimadas ainda por programas policiais sensacionalistas nos meios de comunicação.

Não há que se falar em sistema capitalista sem Estado, assim como não há que se falar no Estado, como o concebemos hoje, sem levar em consideração o processo de racialização das relações que estruturaram nossa sociedade. Toda ação ou omissão do Estado brasileiro é determinada por decisões políticas, é reflexo dos conflitos sociais produzidos historicamente e determinados pelo racismo. É por essa razão que, em momentos de crise, as políticas de corte atingem diretamente a população negra.

No Brasil, não é possível compreender o Estado sem compreender o racismo, pois um está ligado ao outro, seja em sua forma, seja em seu conteúdo. O combate ao racismo, portanto, passa necessariamente pela construção de um novo sistema econômico, uma superação do capitalismo e de todas as estruturas racializadas que dele provêm.

O período pós-abolição foi caracterizado pela racialização das relações sociais – situação evidenciada nos debates, atos políticos, planos

CAPÍTULO III - PROCESSO DE RADIALIZAÇÃO, GENOCÍDIO...

e projetos de nação –, em um momento de reconstrução da noção de liberdade e cidadania para a população negra, até então escravizada.

O mito da democracia racial, como afirma Antônio Guimarães, serviu para a elaboração do conceito de nação brasileira, que não se divide por raças, desconhece e faz questão de ignorar as violências e marcas do período escravocrata:

> A princípio, prevaleceu a compreensão de que se tratava realmente de um mito fundador da nacionalidade. Afinal, o Brasil teria sido percebido historicamente como um país onde os brancos tinham uma fraca, ou quase nenhuma, consciência de raça (...); onde a miscigenação era, desde o período colonial, disseminada e moralmente consentida; onde os mestiços, desde que bem-educados, seriam regularmente incorporados às elites; enfim, onde o preconceito racial nunca fora forte o suficiente para criar uma "linha de cor".[145]

Como demonstra Wlamyra Ribeiro de Albuquerque,[146] o processo de racialização na transição do sistema escravista para o capitalismo no Brasil influenciou e foi influenciado por conflitos sociais, políticos, teóricos e institucionais que enredaram a todos, negros e brancos, ricos e pobres, homens e mulheres da cidade e do campo, alfabetizados e analfabetos, do Estado e da sociedade civil. Apesar de não declarado, esse processo foi decisivo para a formação de critérios discriminatórios de cidadania e para a constituição de estruturas sociais qualitativamente distintas.

Holston[147] analisa a construção e a concepção de cidadania no Brasil, observando que, a partir do período colonial, gerou-se uma

---

[145] GUIMARÃES, A. S. A. Depois da democracia racial. *Tempo Social*, São Paulo, vol. 18, n. 2, nov. 2006. Disponível em: <http://www.scielo.br/pdf/ts/v18n2/a14v18n2.pdf>. Acesso em: 29.07.2019.

[146] ALBUQUERQUE, W. R. de. *O jogo da dissimulação*: abolição e cidadania negra no Brasil. São Paulo: Companhia das Letras, 2009.

[147] HOLSTON, J. *Cidadania insurgente*: disjunções da democracia e da modernidade no Brasil. São Paulo: Companhia das Letras, 2013.

cidadania característica do nosso país, em que a maioria da população tinha seus direitos políticos excluídos, o que levou, a partir da luta pelo direito à cidade, à insurgência de uma nova forma de cidadania contemporânea. Caracterizada pela definição discriminada da distribuição de direitos em categorias específicas da população, essa discriminação do exercício do direito atinge as pessoas por critérios sociais, políticos, civis e espaciais, ou seja, discriminam mulheres, negros e afrodescendentes, analfabetos, pessoas de baixa renda e/ou sem acesso à propriedade no campo ou na cidade.

Ao mesmo tempo em que essa cidadania exclui a população mais pobre e negra, ela beneficia grupos seletos, chamados de elite, que se perpetuam no poder e que garantem a manutenção de uma estrutura social hierarquizada, baseada no processo de racialização. Esses grupos garantem, pois, seus privilégios em detrimento de outros grupos discriminados, em especial da população negra.

3.2 É possível falar em genocídio da população negra no Brasil?

A par de uma ordem sistemática que criminaliza a cultura, encarcera em massa e extermina a população negra no Brasil, está a necropolítica, que se reflete em ações em omissões, através da organização do poder para a produção da morte.

Podemos observar essa política de morte através dos homicídios e encarceramento em massa contra a população negra, em especial a juventude. Também através da análise dos dados sobre a falta de acesso às políticas sociais, sobre o perfil dos trabalhadores precarizados, e sobre a presença dos negros na academia e espaços de poder. Utilizando a necropolítica como a materialização da "intenção de matar" é possível, diante dessas comparações, afirmar que ocorre genocídio da população negra no Brasil?

Segundo as Nações Unidas, o termo "genocídio" foi criado por Raphael Lemkin, advogado polonês de origem judaica, em 1944, e é resultado da junção da palavra grega *geno* (raça ou tribo) com a palavra

CAPÍTULO III - PROCESSO DE RADIALIZAÇÃO, GENOCÍDIO...

latina *cídio* (matar). Lemkin[148] define genocídio como "o crime de destruição de grupos étnicos, raciais ou religiosos de um país", como reposta às políticas nazistas do homicídio sistemático que o povo judeu sofreu durante o Holocausto, mas também aos massacres anteriores ao logo da história, em ações destinadas à destruição de grupos específicos de pessoas. Mais tarde, Lemkin liderou a campanha para que o genocídio fosse reconhecido e codificado como um crime internacional.

A Convenção das Nações Unidas para a Prevenção e Punição de Crimes de Genocídio, em seu art. 2º,[149] estabelece o crime de genocídio como crime internacional, afirmando que as nações signatárias devem efetivar ações para evitá-lo e puni-lo:

> Na presente convenção entende-se por genocídio quaisquer dos atos abaixo relacionados, cometidos com a intenção de destruir, total ou parcialmente, um grupo nacional, étnico, racial, ou religioso, tais como:
>
> (a) Assassinato de membros do grupo;
>
> (b) Causar danos à integridade física ou mental de membros do grupo;
>
> (c) Impor deliberadamente ao grupo condições de vida que possam causar sua destruição física total ou parcial;
>
> (d) Impor medidas que impeçam a reprodução física dos membros do grupo;
>
> (e) Transferir à força crianças de um grupo para outro.

Garantir que o horror e os atos praticados durante a Segunda Guerra não acontecessem novamente e, caso ocorressem, fossem julgados e não ficassem impunes, em nível internacional, apresenta-se como

---

[148] UNITED Nations. United Nations Office on Genocide Prevention and the Responsibility to Protect. *Definitions*. Genocide. Background. Disponível em: <https://www.un.org/en/genocideprevention/genocide.shtml>. Acesso em: 11.09.2019.

[149] UNITED Nations. Convention on the Prevention and Punishment of the Crime of Genocide. Adopted by the General Assembly of United Nations on 9 December 1948. Disponível em: <https://treaties.un.org/doc/Publication/UNTS/Volume%20 78/volume-78-I-1021-English.pdf>. Acesso em: 11.09.2019. (tradução nossa).

prevenção e punição ao genocídio. Em seus artigos, o documento tipifica as ações que têm por objetivo a eliminação da existência, ao todo ou em parte, de grupos nacionais, raciais, étnicos ou religiosos.

A Convenção apresentou o primeiro tratado sobre Direitos Humanos adotado pela Assembleia Geral das Nações Unidas, em 9 de dezembro de 1948. Em 1952, a partir do Decreto n. 30.822[150], o Brasil passa a ser um dos países signatários, comprometendo-se a prevenir e julgar crimes genocidas em terrar brasileiras. É importante lembrar: a Convenção que criminaliza o genocídio destaca que o crime deve ser julgado em tempos de paz ou de guerra.

Quatro anos depois do Decreto, foi promulgada a Lei n. 2.889/56:

> Art. 1º Quem, com a intenção de destruir, no todo ou em parte, grupo nacional, étnico, racial ou religioso, como tal:
>
> a) matar membros do grupo;
>
> b) causar lesão grave à integridade física ou mental de membros do grupo;
>
> c) submeter intencionalmente o grupo a condições de existência capazes de ocasionar-lhe a destruição física total ou parcial;
>
> d) adotar medidas destinadas a impedir os nascimentos no seio do grupo;
>
> e) efetuar a transferência forçada de crianças do grupo para outro grupo; (...)[151]

Essa lei segue praticamente à risca a Convenção das Nações Unidas e estabelece como punição "as penas do art. 121, § 2º, do Código

---

[150] BRASIL. Casa Civil. Decreto n. 30.822, de 6 de maio de 1952. Promulga a convenção e a repressão ao crime de Genocídio, concluída em Paris, a 11 de dezembro de 1948, por ocasião da III Sessão da Assembléia [sic] Geral das Nações Unidas. Disponível em: <http://www.planalto.gov.br/ccivil_03/Atos/decretos/1952/D30822.html>. Acesso em: 11.09.2019.

[151] BRASIL. Casa Civil. Lei n. 2.889 de, de 1 de outubro de 1956. Define e pune o crime de genocídio. Disponível em: <http://www.planalto.gov.br/ccivil_03/leis/L2889.htm>. Acesso em: 11.09.2019.

CAPÍTULO III - PROCESSO DE RADIALIZAÇÃO, GENOCÍDIO...

Penal, no caso o item a; com as penas do art. 129, § 2º, o item b; com as penas do art. 270, item c; com as penas do art. 125, item d; com as penas do art. 148, item e (...)".

Tendo em vista que a Constituição Federal de 1988 garante a pluralidade e a diversidade humana, é possível concluir que o crime de genocídio é contrário aos nossos princípios constitucionais. Ou seja, o crime de genocídio é um atentado à cidadania da população brasileira, pois viola os bens jurídicos da vida, integridade física e mental.

Os dados apresentados neste trabalho levam a crer que é possível enquadrar o crime de genocídio ao que ocorre com a população negra no Brasil, a partir das possibilidades determinadas pela Convenção para Prevenção e Repressão do Crime de Genocídio.

O Estado nacional reconheceu o genocídio da juventude negra brasileira nos relatórios das CPIs promovidas pela Câmara e Senado Federal. Em 2015, a Câmara Federal realizou uma CPI sobre Homicídios de Jovens Negros e Pobres e destacou que a população negra no Brasil vive um "tipo especial e diferente de genocídio", baseado em questão sociais; juridicamente, não há que se falar em crime de genocídio, mas se reconhece o horror ao qual a população negra está submetida, em especial a juventude negra:

> Procede-se, aqui, a um reconhecimento sociológico, atestando o descalabro da matança desenfreada de jovens negros e pobres no Brasil e a condenação dessa população à falta de políticas que promovam o seu bem-estar. Trata-se de iniciativa que promove a maturidade do Estado brasileiro, que, por iniciativa o Poder Legislativo, dá um passo decisivo para a mudança de tal quadro, independentemente de qualquer ingerência externa em sua história e soberania. O genocídio com o qual esta Comissão entrou em contato é uma matança simbólica de todo um grupo em meio a uma quantidade absurda de mortes reais. É uma tentativa de amordaçar a vontade, de esmagar a autoestima e de suprimir a esperança da população negra e pobre ao longo dos séculos em que está presente no território deste país. Ao sufocá-la pela quase completa ausência dos serviços mais básicos que o Estado tem

o dever de prestar, promove-se o surgimento de todo o tipo de sentimentos negativos, incluindo o medo, na população em relação aos agentes do Estado nos territórios onde a violência se instalou.[152]

Reconhecendo que existe "uma espécie de genocídio" no país, a CPI tentou desresponsabilizar o Estado brasileiro, afirmando que se trata de uma questão apenas sociológica. Ao final do relatório, lê-se, ainda, que a CPI cumpriu seu papel ao ouvir a população negra durante as audiências.

Dessa forma, a CPI cumpre seu papel institucional de amplificar a voz da comunidade negra e pobre no sentido de reconhecer que existe sim um genocídio simbólico quando o Estado Brasileiro, ao longo não de alguns meses ou anos, mas durante séculos vem negando a essas pessoas os mais básicos serviços públicos.[153]

Em 2016, o relatório da CPI do Senado sobre o assassinato de jovens no Brasil destacou que pessoas negras e pobres, principalmente a juventude, sofrem um processo de genocídio, sem ressalvas:

Esta CPI, em consonância com os anseios do Movimento Negro, bem como com as conclusões de estudiosos e especialistas do tema, SF/16203.78871-55 34 assume aqui a expressão GENO-CÍDIO DA POPULAÇÃO NEGRA como a que melhor se adequa à descrição da atual realidade em nosso país com relação ao assassinato dos jovens negros. O Brasil não pode conviver com um cotidiano tão perverso e ignominioso. Anualmente, milhares

---

[152] CÂMARA Federal. *Relatório final* – Comissão Parlamentar de Inquérito: Homicídios de jovens negros e pobres. Brasília, 2015, p. 36. Disponível em: <https://www.camara. leg.br/proposicoesWeb/prop_mostrarintegra?codteor=1362450>. Acesso em: 11.09.2019.

[153] CÂMARA Federal. Relatório final – Comissão Parlamentar de Inquérito: Homicídios de jovens negros e pobres. Brasília, 2015, p. 36. Disponível em: <https://www.camara. leg.br/proposicoesWeb/prop_mostrarintegra?codteor=1362450>. Acesso em: 11.09.2019, p. 37.

CAPÍTULO III - PROCESSO DE RADIALIZAÇÃO, GENOCÍDIO...

de vidas são ceifadas, milhares de família são desintegradas, milhares de mães perdem sua razão de viver. A hora é de repensarmos a ação do Estado, mais particularmente do aparato policial e jurídico, como forma de enfrentar essa questão. Para que em um futuro próximo tenhamos uma nação mais justa e igualitária onde as famílias, as mães e irmãos não tenham mais que chorar pela morte desses jovens.[154]

Em ambas as CPIs, são propostas diversas ações para a contenção do número de homicídios contra a população negra no Brasil. Além disso, o relatório da CPI do Senado destaca políticas públicas de proteção à juventude negra e para o fortalecimento das famílias, por meio da reparação de danos aos familiares das vítimas.

O relatório assinala ainda a importância do fim dos Autos de Resistência. A redução da maioridade penal é vista como uma política que contribui para a perpetuação da perseguição contra a população negra no Brasil.

Fruto dos debates promovidos pelas CPIs, foi proposto o fim dos Autos de Resistência em 2017. Porém, as mortes justificadas como "resistência" ainda hoje são uma realidade, dando sustentação para policiais assassinarem jovens negros. Em setembro de 2019, divulgou-se o *13º Anuário do Fórum de Segurança Pública*, que afirmou ser um dos principais desafios na política de segurança pública no Brasil a diminuição das mortes decorrentes de violência policial, conforme o trecho:

> Nos próximos anos, um dos principais desafios será conseguir diminuir o total de homicídios ocorridos por intervenção policial. Infelizmente, as polícias estão se tornando um dos agentes produtores de mortes. O surgimento de grupos criminosos paramilitares, que estão se fortalecendo no Rio de Janeiro e ameaçam a

---

[154] SENADO Federal. *Relatório final* – CPI Assassinato de Jovens. Brasília, 2016, pp. 33-34. Disponível em: <https://www12.senado.leg.br/noticias/arquivos/2016/06/08/veja-a-integra-do-relatorio-da-cpi-do-assassinato-de-jovens>. Acesso em: 11.09.2019.

crescer no resto do Brasil, depende da tolerância da população e das autoridades à violência policial para crescer.[155]

Em consonância com os dados apresentados por pesquisas aqui analisadas, o relatório do *Anuário* destaca que 99,3% das vítimas de mortes por intervenção policial são homens, 75,4% são negros e 77,9% têm idade entre 15 e 29 anos.[156]

O crime de genocídio, vale reforçar, tem como cerne a intenção de destruir determinado grupo e, no caso do Brasil, os dados apresentados não deixam dúvidas de que a sistemática é voltada para a eliminação de pessoas negras.

Para Achille Mbembe, o conceito de soberania necessariamente está ligado ao controle sobre a vida das pessoas, a biopolítica como formulada por Foucault. Assim diz Mbembe:

> Este ensaio pressupõe que a expressão máxima da soberania reside, em grande medida, no poder e na capacidade de ditar quem pode viver e quem deve morrer. Por isso, matar ou deixar viver constituem os limites da soberania, seus atributos fundamentais. Ser soberano é exercer controle sobre a mortalidade e definir a vida como a implantação e manifestação de poder.[157]

Para Foucault, a biopolítica possui a raça como elemento central, pois é a partir dela que o Estado moderno é constituído, e a partir do racismo, é fundada uma tecnologia de poder do Estado. Mbembe, tendo como estímulo a biopolítica, nos traz o conceito de necropolítica, que determina que, a partir do neoliberalismo, o controle do Estado, tendo o racismo como tecnologia do poder, é para a produção de morte e não apenas controle da vida. Através de conceitos como *estado de sítio* e *estado*

---

[155] ANUÁRIO Brasileiro de Segurança Pública 2019. Fórum Brasileiro de Segurança Pública, set. 2019. p. 35. Disponível em: <http://www.forumseguranca.org.br/wp-content/uploads/2019/09/Anuario-2019-FINAL-v3.pdf>. Acesso em: 11.09.2019.

[156] MBEMBE, Achille. *Necropolítica*. São Paulo: N-1 Edições, 2018, p. 57-61.

[157] MBEMBE, Achille. *Necropolítica*. São Paulo: N-1 Edições, 2018, p. 5.

CAPÍTULO III - PROCESSO DE RADIALIZAÇÃO, GENOCÍDIO...

de exceção, Achille Mbembe analisa como existem territórios em que a morte é autorizada através da ausência da legalidade e de direitos garantidos e da presença da violência estatal.

Baseada na tese de Mbembe, defendo a hipótese de que, no Brasil, a intenção de destruir a população negra ao todo ou em parte reflete-se nas ações e omissões do Estado brasileiro, ou seja, é alicerçada na necropolítica. O genocídio contra a população negra não é baseado na intenção individual de determinada pessoa ou grupo, mas em uma política de Estado que promove a reprodução do racismo estrutural por meio da necropolítica, considerando a política de criminalização, a discriminação no mercado de trabalho, nas mídias e no Judiciário, e o encarceramento e homicídios em massa da população negra.

Vale dizer que, em todo genocídio ao longo da história mundial, a negação sempre esteve (e está) presente, pois os genocidas tendem a esconder as suas ações. Existe um padrão nas sociedades que cometeram o crime de genocídio, conforme afirma Israel W. Charny[158] em artigo no *Journal of genicide research*, de 2003. Segundo o autor, há etapas e meios de negação das atrocidades cometidas – visíveis no Brasil atualmente, acrescento. Destaco duas das teses de Charny.

A primeira refere-se à disputa acadêmica terminológica, quando autores utilizam nomes que não genocídio para caracterizar homicídios em massa contra populações:

> Há negação do genocídio após um fato que poderia ser enquadrado no rol de genocídio não ser reconhecido como tal, mas sim como eventos que tiram a vida em massa das pessoas e que devem ser incluídos em outra categoria como um ato de guerra, quer no âmbito das ações militares legítimas ou, pelo menos, dentro dos limites da destruição "inadvertida" no curso da guerra, ou como uma resposta governamental legítima de dissidência política

---

[158] CHARNY, I. W. A Classification of denials of Holocaust and others genocides. *Journal of Genocide Research*, vol. 5, n. 1, 2003, pp. 11-34. Disponível em: <http://www.tandfonline.com/doi/abs/10.1080/14623520305645?journalCode=cjgr20#. V0MSbfkrIdU>. Acesso em: 11.09.2019.

interna. Os "contextualizadores", na tentativa de dizer que tal e tal assassinato em massa não era realmente "genocídio", mas outro tipo de evento, como guerra, guerra civil, guerra de fome e doença, revolução, deportações e reassentamento. Os "justificadores" vão mais longe e não só insistem que o evento não era realmente "genocídio", mas dão às mortes uma explicação credível, que estavam em resposta, contra-ataques ou ameaça de ataques, como o combate ao terrorismo, subversão ou rebeldia, ou retaliação contra massacres, como efeito de autodefesa (...).[159]

A segunda tese está relacionada à negação dos governos genocidas que atuam diretamente, ou seja, como agentes exterminadores de determinado grupo, ou indiretamente, quando se omitem ao se depararem com um número extremamente elevado de mortes em determinada população.

Os genocidas, geralmente, mas nem sempre os governos, caracteristicamente negam que estejam envolvidos em assassinatos em massa. Estas recusas emanam dos governos no exato momento em que eles estão claramente comprometidos com o assassinato de um público-alvo, mas ainda há preocupações sobre possíveis reações internacionais do genocídio em curso serem lançadas mais descaradamente na cara do mundo, somadas à "consideração prática" de que as vítimas ainda não presas não devem saber toda a verdade sobre o que os espera.[160]

A primeira tese corrobora o relatório da CPI da Câmara Federal, que, diante das atrocidades apresentadas nos dados dos homicídios sofridos pela população negra, reconheceu o genocídio, mas não o crime, "um

---

[159] CHARNY, I. W. A Classification of denials of Holocaust and others genocides. Journal of Genocide Research, vol. 5, n. 1, 2003, pp. 11-34. Disponível em: <http://www.tandfonline.com/doi/abs/10.1080/14623520305645?journalCode=cjgr20#.V0MSbfkrI dU>. Acesso em: 11.09.2019. (tradução nossa).

[160] CHARNY, I. W. A Classification of denials of Holocaust and others genocides. *Journal of Genocide Research*, vol. 5, n. 1, 2003. p. 12. Disponível em: <http://www.tandfonline.com/doi/abs/10.1080/14623520305645?journalCode=cjgr20#.V0MSbfkrI dU>. Acesso em: 11.09.2019..

CAPÍTULO III - PROCESSO DE RADIALIZAÇÃO, GENOCÍDIO...

tipo especial", demonstrando a utilização de disputas terminológicas para tentar diminuir a gravidade e a responsabilidade sobre o que de fato acontece. Já a CPI do Senado, um ano depois, faz coro com o movimento negro, denunciando como genocídio o que ocorre com a população negra no Brasil.

A elaboração apresentada na Convenção das Nações Unidas para a Prevenção e Punição de Crimes de Genocídio é baseada em decisões políticas dos países-membros da ONU à época (o reconhecimento de um fato como genocídio ou não passa também por uma decisão política). A prática do genocídio impede a consolidação da democracia em qualquer país e, no caso brasileiro, impede a efetivação do acesso à cidadania da população negra, que tem os seus direitos sociais negados e vivencia discriminações sistemáticas, o que afeta a nossa população como um todo.

Além do reconhecimento do genocídio, como fez o relatório da CPI do Senado, é necessário construir ações que efetivamente contribuam para a transformação social brasileira e a mudança na lógica pela qual as políticas criminal e de segurança pública operam. São fatores essenciais para barrar o processo genocida que a população negra sofre no Brasil.

SEGURANÇA PÚBLICA CIDADÃ

O processo de racialização constituído no Brasil após a abolição da escravidão foi influenciado por conflitos sociais decisivos para a formação de critérios discriminatórios de cidadania e para a constituição de estruturas sociais qualitativamente distintas. Em paralelo a esses conflitos, houve a consolidação de um discurso de que havia uma "democracia racial" no Brasil. As discriminações estruturais, baseadas no processo de racialização da sociedade brasileira, implicaram na reprodução do racismo no sistema de justiça criminal implicitamente, porém criminalizando reiteradamente práticas relacionadas à população negra, excluindo-a socialmente e justificando essas práticas por meio de um discurso meritocrático.

O racismo é um mecanismo sistemático de controle de discriminação, cujo fundamento é a raça, manifestando-se consciente ou inconscientemente e resultando em desvantagens ou privilégios para indivíduos, de acordo com o grupo racial a que pertencem. No caso da população negra, com base nos dados apresentados, a discriminação e desvantagens são explícitas.

O racismo constrói todo um aparato imaginário social, que é reforçado a todo momento pelos mais diversos meios de comunicação, pela indústria cultural e da moda e pelo sistema educacional. Opera por meio da ordem jurídica como um código oculto que não discrimina formalmente nas leis, mas garante essa discriminação na prática.

Essa prática pode ser observada na construção da imagem do homem negro como um criminoso nos programas jornalísticos sensacionalistas e na sua representação promovida em novelas e filmes. Sem que o sistema de justiça criminal seja seletivo, sem a criminalização da população negra ou a guerra às drogas, não seria possível a construção dessa imagem social através dos meios de comunicação.

O racismo é uma tecnologia do poder, e a soberania torna-se o poder de produção da morte, de fazer viver ou deixar morrer. Todos os serviços públicos são exemplos do poder estatal sobre a manutenção das vidas das pessoas, e sua ausência é necessariamente o deixar morrer. Foucault denomina esse exercício de poder sobre a vida que o Estado possui de biopoder. O racismo exerce um papel central para a justificativa e manutenção do poder sobre a vida das pessoas.

O biopoder integra o racismo como um instrumento essencial do poder do Estado que, classificando os sujeitos de acordo com as características fenotípicas, define uma linha divisória entre os grupos "superiores" e "inferiores". Nesse sentido, o racismo é uma tecnologia do poder que determina o inimigo a ser destruído. A partir disso, garante-se o extermínio de determinada população sem que haja qualquer estranhamento, como é o caso da população negra, em especial a juventude que, no Brasil, atinge índices de homicídios epidêmicos.

O estado de exceção e a relação de inimizade tornam-se base normativa do direito de matar do Estado, em que guerra, política, homicídio e suicídio tornam-se indistinguíveis. A situação, categorizada por Achille Mbembe como necropolítica, explicita o modo pelo qual as relações entre política e terror se tornaram mais sofisticadas após a ocupação colonial, fazendo surgir novas formas de dominação e definindo as políticas estatais de criminalização e segurança pública, de modo a consolidar a relação entre a política e o terror.

A política criminal brasileira, bem como a lógica operada pela Segurança Pública, baseadas na prevenção do risco e manutenção da ordem, são responsáveis pela sistemática criminalização e exclusão

SEGURANÇA PÚBLICA CIDADÃ

dos negros e pobres em nosso país, em uma sociedade que é estruturalmente racista.

É urgente e necessária uma transformação no sistema e na política de segurança pública no Brasil e, a partir disso, uma transformação profunda nas estruturas sociais brasileiras. Enquanto o racismo for um fator determinante em nossa política, economia e Direito e que se justifica por meio da ideologia, a criminalização de uma parcela da população e a segurança de poucos se sobressairão aos direitos de muitos.

Enquanto o direito à segurança se mantiver como um direito individual e baseado na manutenção da ordem e prevenção de riscos, o racismo estrutural garantirá que a população pobre e negra seja sempre a criminalizada, excluída e exterminada.

O direito à segurança em um Estado democrático deve existir em função dos direitos fundamentais, ou seja, a segurança de todos somente poderá ser garantida se for direcionada à defesa e garantia dos direitos sociais e da cidadania. Como destaca Humberto B. Fabretti,

> Transferir a concepção de segurança a uma das suas vertentes, que é a segurança cidadã, tem como consequência o reconhecimento de que, quando se fala em segurança como direito de todos, deve-se entender que todos os cidadãos devem ser destinatários das ações (políticas de segurança) encampadas pelo Estado e devem ter respeitados seus direitos individuais e a sua condição de cidadão, e não que cada um dos cidadãos tenha o direito fundamental de não ser vítima de crimes ou violência, ou seja, de estar absolutamente protegido e seguro de outras pessoas o tempo todo.[161]

A manutenção da ordem não é garantia de segurança – a história tem comprovado isso – e, muito menos, adequa-se a um sistema que se diz democrático. Já a cidadania é o mecanismo que inclui, jurídica e politicamente, e tem como base o princípio da igualdade.

---

[161] FABRETTI, H. B. *Segurança pública e cidadania*: fundamentos jurídicos para uma abordagem constitucional. São Paulo: Ed. Atlas, 2014, p. 79.

O sistema de segurança nunca será verdadeiramente público e eficaz enquanto se basear na manutenção da ordem e prevenção dos riscos e em uma lógica privada de segurança para apenas uma parcela. A prevenção de riscos, em excesso, gera a retirada de direitos de muitos para a garantia dos direitos de poucos, os que verdadeiramente comandam as instituições. Fabretti ressalta que a segurança, em determinado momento, tornou-se uma espécie de bem disponível no mercado, usufruída apenas por determinada parcela da população:

> A segurança passa a ser, assim, um bem disponível no mercado, que pode ser adquirido somente por quem tem condições financeiras. (...).
>
> A segurança, assim, acaba por alterar sua natureza de pública para privada. Deixa de ser um direito garantido pelo Estado – na verdade uma pretensão de direito, pois de fato a segurança nunca foi usufruída de forma universal – e passa a ser um produto disponível no mercado.[162]

As respostas à segurança pública devem ser construídas baseadas na democracia e na Constituição de 1988, garantia de direito a todos os cidadãos. A construção de uma segurança cidadã se alicerça na proteção do cidadão como serviço público, com instituições de controle civis e não militarizadas.

Uma segurança pública cidadã tem seus fundamentos e valores determinados na Constituição Federal, de modo que não discrimina e não faz distinções arbitrárias por raça ou classe social, não viola os direitos fundamentais do cidadão e, acima de tudo, entende que sua principal causa é o estabelecimento do Estado Democrático de Direito. Além disso, estimula a participação social na gestão da segurança, valoriza arranjos participativos e garante a transparência nas instituições. Conforme Humberto B. Fabretti,

---

[162] FABRETTI, H. B. *Segurança pública e cidadania*: fundamentos jurídicos para uma abordagem constitucional. São Paulo: Ed. Atlas, 2014, pp. 30-31.

SEGURANÇA PÚBLICA CIDADÃ

> Dito de outra forma, significa que uma política de segurança cidadã inspirada no desenvolvimento humano precisa considerar que "a segurança não é o único valor e nem um valor que possa ser assegurado independentemente da equidade e da liberdade". Primeiro, "porque a segurança é para proteger as opções – ou seja as liberdades – de todas as pessoas – é dizer para proteger de maneira equitativa", o que implica "proteção especial para aquelas pessoas cuja insegurança é 'invisível' e, portanto, não está bem atendida". Segundo, porque "a segurança de todos implica liberdade para todos e justiça para todos"; significa liberdade para as vítimas potenciais (liberdade diante do medo); liberdade para os suspeitos ou condenados por crimes (liberdade perante a arbitrariedade); justiça para as vítimas do crime (ressarcimento ou justiça comutativa) e justiça para que as pessoas mais vulneráveis estejam mais bem protegidas (justiça distributiva).[163]

Uma segurança pública cidadã substitui a ideia de inimigo a ser combatido pela do cidadão que deve ter seus direitos garantidos. A segurança a ser proporcionada é a da garantia dos direitos, nunca a partir de uma lógica de mercado, privada, que assegura a proteção de uma parcela em detrimento da criminalização de outra.

> Os cidadãos e não os Estados, governos, grupos ou partidos políticos é que devem ser os beneficiários das ações de prevenção do crime e da violência e promoção da segurança. E essa prestação deve beneficiar igualmente todos os cidadãos sem distinção de riqueza, cor, etnia, status, gênero, religião, filosofia etc.[164]

Uma reforma no sistema de segurança pública é necessária para que seja construído um sistema de segurança pública cidadã, em que a cor da pele e o *status* social não sejam determinantes no processo de criminalização e em que a manutenção da ordem não seja a prioridade.

---

[163] FABRETTI, H. B. *Segurança pública e cidadania*: fundamentos jurídicos para uma abordagem constitucional. São Paulo: Ed. Atlas, 2014, p. 133.

[164] FABRETTI, H. B. *Segurança pública e cidadania*: fundamentos jurídicos para uma abordagem constitucional. São Paulo: Ed. Atlas, 2014, p. 135.

A manutenção do *status quo* social é o principal gerador de desigualdades e de criminalização, e a segurança pública no Brasil deve ser baseada na proteção e na promoção da cidadania, garantindo – e não restringindo – os direitos da população como um todo.

O histórico de exploração e criminalização da população negra no Brasil, fundado no racismo estrutural de nossa sociedade, que se reproduz no atual sistema de segurança pública e na política criminal por meio de um código oculto, o racismo, visando à proteção de poucos em detrimento da criminalização de muitos, demonstra que a política de segurança pública brasileira é uma política de extermínio da população pobre e negra.

Trata-se de uma verdadeira política criminal contra os negros e pobres, que se reflete desde a ação ostensiva do policial nas ruas até os arquivamentos dos processos de homicídios pelo Judiciário. Está em curso, no Brasil, um processo sistemático de exclusão, extermínio e criminalização do povo negro e pobre, com foco sobre os mais jovens, caracterizando um genocídio da população negra.

A necropolítica, reproduzida pelo Estado brasileiro, produz, por um lado, a ausência de serviços públicos em áreas importantes para parcela da sociedade, como educação e serviços de cultura e saúde; por outro, a presença dos aparatos de repressão, na criminalização e encarceramento. É necessário construir uma profunda transformação na estrutura social brasileira, passando não só pela superação do racismo, mas também do capitalismo, sistema que, através da política neoliberal, determina a gestão da vida através da administração da morte; sistema que permite, no interior da organização do Estado Democrático, a produção de territórios ausentes de legalidade, campos de extermínio; sistema que, tendo o racismo como tecnologia de poder, garante a criminalização, a exclusão social e o extermínio da população negra, impedindo-a de ter acesso à cidadania, pois o negro no Brasil é tratado como inimigo.

Viver nessas condições é como viver uma vida de morte. Para superar todo esse mecanismo de controle sobre a vida e produção de morte, temos que reconstruir toda a estrutura social em que vivemos e superar o sistema econômico que se utiliza da raça como elemento para criação de alvos a serem eliminados.

POSFÁCIO

Ser o responsável por escrever o posfácio da obra *Código oculto: política criminal, processo de racialização e obstáculos à cidadania da população negra no Brasil*, de Tamires Gomes Sampaio, é ao mesmo tempo uma honra, um desafio e uma oportunidade de redenção.

Digo que é uma honra pois as pessoas que influenciaram, de uma forma ou de outra, a dissertação de mestrado que originou esta obra de Tamires, são tantas que ter sido eu o escolhido e o convidado para a tarefa é motivo de muita, muita honra.

Mas essa honra, a de acompanhar a caminhada de Tamires, não é de hoje. Já há algum tempo, mais especificamente desde o terceiro semestre da graduação da Faculdade de Direito, nossos caminhos se cruzaram, e começamos uma caminhada juntos.

Num primeiro momento, na distância exigida entre professor e seus alunos, observava Tamires na sala na qual eu ministrava aulas de criminologia e Direito Penal. Ela era uma das poucas pessoas negras na sala e olhava para mim – muito jovem, branco de classe média – com uma desconfiança inconfundível. Talvez a desconfiança decorresse das ideias sobre o sistema punitivo brasileiro que eram apresentadas pelo professor e que não combinavam com seu estereótipo e nem com o ambiente em que estava inserido.

O fato é que houve uma sintonia entre professor e aluna, que passaram então a compartilhar ideias e visões de mundo. Em virtude dessa sintonia crescente, fui escolhido por Tamires para ser seu orientador no Trabalho de Conclusão de Curso. Embora ela tenha pagado um preço um pouco alto por essa escolha, o resultado foi o melhor possível: além da aprovação pela banca examinadora com nota máxima, o trabalho foi indicado ao Prêmio de Melhor Trabalho de Conclusão de Curso daquele ano e foi o vencedor.

Nesse momento, Tamires já tinha demonstrado que toda a sua militância política – seja no movimento estudantil ou na política nacional – não atrapalhava a sua perspectiva acadêmica, muito pelo contrário, eram complementares. A posição de mulher, jovem, negra, moradora da periferia e militante política permitiu que Tamires tivesse uma visão singular do seu tema de pesquisa, que abordava o genocídio da população negra pelo Estado brasileiro por meio das políticas de segurança pública. Foi o casamento perfeito, pois, a partir desse momento, o ingresso no programa de Mestrado em Direito Político e Econômico da Universidade Presbiteriana Mackenzie parecia um caminho natural, e foi.

Durante o mestrado, Tamires aprofundou sua pesquisa, mas, até a banca de qualificação, ainda estava sem um objetivo claro e um pouco perdida diante de tanta informação e tantas possibilidades de caminhos. Nesse momento, com a autorização do orientador, o brilhante Professor Silvio Almeida, fui absolutamente duro nas críticas ao trabalho em avaliação. Percebi, no olhar de Tamires, que ela não estava entendendo muito bem por que aquelas críticas tão duras estavam vindo justamente de quem ela esperava algum conforto. O momento foi tão marcante que se encontra registrado nos agradecimentos do trabalho final apresentado à banca avaliadora e demonstra que, ao final, Tamires entendeu o porquê da dureza de minhas críticas ao escrever: "Suas críticas e apontamentos durante a qualificação e a finalização da dissertação foram as mais duras, mas sei que é porque você espera sempre muito de mim."

De fato, eu espero muito da Tamires, mas espero somente aquilo que sei do que ela é capaz, e ela é capaz de tudo. Sua dissertação de mestrado foi aprovada com nota máxima numa banca absolutamente qualificada e rígida, demonstrando todo o seu potencial.

POSFÁCIO

E aqui começa o desafio a que me referi no primeiro parágrafo, falar sobre a obra com a qual Tamires agora nos presenteia.

Em sua obra, trata de um dos maiores e mais antigos problemas da sociedade brasileira, o racismo. Tamires, passando por autores como Achille Mbembe, Silvio Almeida e Adilson José Moreira, faz uma relação objetiva e lógica entre a escravidão e a atual estrutura racista de nossa sociedade, concluindo que: "no Brasil, a negação do racismo e a ideologia da democracia racial são sustentadas pela ideia de meritocracia. Com o discurso de que não há racismo, a culpa sobre a condição das pessoas negras passa a estar relacionada aos próprios indivíduos negros, com o argumento de não terem feito tudo o que estava ao seu alcance para transformar essa realidade. A meritocracia justifica a miséria, a desigualdade e a violência, tirando a responsabilidade do poder estatal e da construção da realidade social". Tais conclusões, parecem-me, absolutamente incontestáveis do ponto de vista científico, político e social.

O próximo passo, apresentado na obra, é a relação entre a política criminal brasileira e o racismo institucional. Nesse ponto, a análise de Tamires é muito certeira, pois demonstra como o racismo institucionalizado molda todos os aspectos da política criminal brasileira, desde a atuação das políticas militares ao fenômeno do encarceramento em massa por meio da utilização racista e seletiva do Direito Penal sob o falacioso argumento de "guerra às drogas". E a prova de que a linha argumentativa de Tamires é adequada e certeira são os dados que demonstram o perfil étnico/racial da população carcerária brasileira e das vítimas dos homicídios no Brasil.

Por fim, Tamires elabora uma proposta de superação desse trágico quadro resultante das atuais políticas de segurança pública no Brasil, que ainda operam orientadas, mesmo que de maneira oculta, pela lógica do racismo estrutural e institucionalizado que nunca fomos capazes de superar. Em outras palavras, no atual modelo, a segurança de alguns significa exatamente a insegurança de outros. Enquanto alguns são protegidos por essas políticas, outros são os alvos dessas políticas. A superação desse modelo, segundo Tamires, é a adoção de uma segurança pública cidadã, ou em suas palavras: "é necessário que seja construído um sistema de segurança pública cidadã, em que a cor da pele ou o *status* social não sejam determinantes no processo de criminalização e em que a manutenção da ordem não seja a prioridade. A manutenção do *status quo* social é o principal gerador de desigualdades e de criminalização, e a segurança pública no Brasil deve ser baseada na proteção e na promoção da cidadania, garantindo – e não restringindo – os direitos da população como um todo".

Como já dito, as duras críticas da banca de qualificação surtiram efeito, pois o resultado da pesquisa elaborada por Tamires deixou clara a sua imensa capacidade de lidar, cientificamente e criticamente, com um dos maiores problemas do Estado brasileiro contemporâneo. A obra que agora temos em mãos é mais um tijolo na construção de um país verdadeiramente livre e democrático que não distinguirá seus cidadãos pela cor da pele, aceitando que uns podem morrer e outros devem viver.

Por fim, aproveito a oportunidade para minha tentativa de redenção. Quando a banca final de avaliação da dissertação da presente obra foi marcada, eu constava como membro efetivo, uma vez que tinha acompanhado toda a trajetória acadêmica de Tamires e também tinha participado da banca de qualificação. Porém, dois dias antes da banca, um compromisso profissional inadiável me levou à cidade de Brasília e não pude participar da banca. A frustração que senti só não era maior do que o medo em dar a notícia para Tamires. Agora, publicamente, peço desculpas.

A banca ocorreu, sem mim, e foi um sucesso estrondoso. Mais de 50 pessoas acompanharam a arguição entre amigos, colegas, líderes de movimentos sociais etc. Tamires foi formalmente reconhecida como uma pesquisadora de excelência e recebeu o merecido título de Mestre em Direito.

Pode parecer o fim, mas é apenas o começo de uma carreira brilhante, seja na política, na academia ou como a Tamires gosta de dizer: onde ela quiser!!!

POSFÁCIO

Em tempos de pandemia e isolamento social, este texto que agora é apresentado ao público é um alento de que dias melhores estão no horizonte.

Obrigado por me permitir fazer parte desse caminho.

Itu, 08 de abril de 2020.

Humberto Barrionuevo Fabretti

Doutor em Direito Político e Econômico pela
Universidade Presbiteriana Mackenzie
Professor da Faculdade de Direito da Universidade
Presbiteriana Mackenzie

REFERÊNCIAS BIBLIOGRÁFICAS

ALBUQUERQUE, W. R. de. *O jogo da dissimulação*: abolição e cidadania negra no Brasil. São Paulo: Companhia das Letras, 2009.

ALENCASTRO, L. F. de. *O Trato dos viventes*: formação do Brasil no Atlântico Sul – Séculos XVI e XVII. São Paulo: Companhia das Letras, 2000.

ALEXANDER, M. *A Nova segregação*: racismo e encarceramento em massa. Trad. Pedro Davoglio. São Paulo: Boitempo, 2017.

ALMEIDA, R.; MARIANI, D. Qual o perfil da população carcerária brasileira. *Nexo Jornal*. 18 jan. 2017. Disponível em: <https://www.nexojornal.com.br/grafico/2017/01/18/Qual-o-perfil-da-popula%C3%A7%C3%A3o-carcer%C3%A1ria-brasileira>. Acesso em: 24.07.2019.

ALMEIDA, S. L. de. *O que é racismo estrutural?* Belo Horizonte: Letramento, 2018.

_____. Estado, Direito e análise materialista do racismo. In: KASHIRA JUNIOR, C. O.; AKAMINE JUNIOR, O; MELLO, T. de (Org.). *Para a crítica do Direito:* reflexões sobre teorias e práticas jurídicas. São Paulo: Outras Expressões; Dobra Universitário, 2015. Disponível em: <https://grupodeestudosracismoecapitalismo.files.wordpress.com/2017/05/silvio-de-almeida-estado-direito-e-anc3a1lise-materialista-do-racismo.pdf>. Acesso em: 25.07.2019.

ANUÁRIO Brasileiro de Segurança Pública 2019. Fórum Brasileiro de Segurança Pública, set. 2019 Disponível em: <http://www.forumseguranca.org.br/wp-content/uploads/2019/09/Anuario-2019-FINAL-v3.pdf>. Acesso em: 11.09.2019.

AZEVEDO, J. E. Polícia Militar: a mecânica do poder. *Revista Sociologia Jurídica*, Boa Vista, n. 7, jul./dez. 2008. Disponível em: <https://ufrr.br/nupepa/index.php?option=com_phocadownload&view=category&download=78:azevedo-pm-sao-paulo&id=13:disciplina-individuo-sociedade-e-construcao-da-realidade>. Acesso em: 28.07.2019.

AZEVEDO, R. G. de;. SINHORETTO, J. O sistema de justiça criminal na perspectiva da antropologia e da sociologia. *BIB*. São Paulo, n. 84, fev. 2017. Disponível em: <https://anpocs.com/index.php/bib-pt/bib-84/11104-o-sistema-de-justica-criminal-na-perspectiva-da-antropologia-e-da-sociologia/file>. Acesso em: 28.07.2019.

BONILLA-SILVA, E. Rethinking racism: toward a structural interpretation. *American Sociological Review*, Chicago, vol. 62, n. 3, p. 476, jun. 1997.

BRASIL. Constituição (1988)]. *Constituição da República Federativa do Brasil*: promulgada em 5 de outubro de 1988. Disponível em: <http://www.planalto.gov.br/ccivil_03/constituicao/constituicao.htm>. Acesso em: 29.07.2019.

_____. Casa Civil. Decreto n. 847, de 11 de outubro de 1890. Promulga o Codigo [*sic*] Penal. Disponível em: <http://www.planalto.gov.br/ccivil_03/decreto/1851-1899/D847.htm>. Acesso em: 07. set. 2019.

_____. Casa Civil. Decreto n. 30.822, de 6 de maio de 1952. Promulga a convenção e a repressão ao crime de Genocídio, concluída em Paris, a 11 de dezembro de 1948, por ocasião da III Sessão da Assembléia [*sic*] Geral das Nações Unidas. Disponível em: <http://www.planalto.gov.br/ccivil_03/Atos/decretos/1952/D30822.html>. Acesso em: 11.09.2019.

_____. Casa Civil. Lei de 16 de dezembro de 1830. Manda executar o Codigo Criminal. Disponível em: <http://www.planalto.gov.br/ccivil_03/leis/lim/LIM-16-12-1830.htm>. Acesso em: 04.03.2019..

_____. Lei de 7 de novembro de 1831. Declara livres todos os escravos vindos de fôra do Imperio [*sic*], e impõe penas aos importadores dos mesmos escravos. Disponível em: <http://www2.camara.leg.br/legin/fed/lei_sn/1824-1899/lei-37659-7-novembro-1831-564776-publicacaooriginal-88704-pl.html>. Acesso em: 04.03.2019.

_____. Casa Civil. Lei de 29 de novembro de 1832. Promulga o Codigo do Processo Criminal de primeira instancia com disposição provisoria ácerca da administração da Justiça Civil [sic]. Disponível em <http://www.planalto.gov.br/ccivil_03/leis/lim/LIM-29-11-1832.htm>. Acesso em: 04.03.2019.

REFERÊNCIAS BIBLIOGRÁFICAS

_____. Casa Civil. Lei n. 4 de 10 de junho de 1835. Determina as penas com que devem ser punidos os escravos que matarem, ferirem ou commetterem outra qualquer ofensa physica contra seus senhores, etc.; e estabelece regras para o processo [*sic*]. Disponível em: <http://www.planalto.gov.br/ccivil_03/leis/lim/LIM4.htm>. Acesso em: 04.03.2019.

_____. Casa Civil. Lei n. 581, de 4 de setembro de 1850. Estabelece medidas para a repressão do trafico [*sic*] de africanos neste Imperio [*sic*]. Disponível em: <http://www.planalto.gov.br/ccivil_03/leis/LIM/LIM581.htm>. Acesso em: 04.03.2019.

_____. Casa Civil. Lei n. 601, de 18 de setembro de 1850. Dispõe sobre as terras devolutas do Império. Disponível em: <http://www.planalto.gov.br/ccivil_03/LEIS/L0601-1850.htm>. Acesso em: 07.09.2019.

_____. Casa Civil. Lei Afonso Arinos – Lei 1.390, de 3 de julho de 1951. Inclui entre as contravenções penais a prática de atos resultantes de preconceito de raça ou de côr [*sic*]. Disponível em: <https://presrepublica.jusbrasil.com.br/legislacao/128801/lei-afonso-arinos-lei-1390-51>. Acesso em: 09.09.2019.

_____. Casa Civil. Lei 2.040 de 28 de setembro de 1871. Declara de condição livre os filhos de mulher escrava que nascerem desde a data desta lei, libertos os escravos da Nação e outros, e providencia sobre a criação e tratamento daquelles filhos menores e sobre a libertação annaul de escravos. [*sic*]. Disponível em: <http://www.planalto.gov.br/ccivil_03/leis/LIM/LIM2040.htm>. Acesso em: 04.03.2019.

_____. Casa Civil. Lei 3.270, de 28 de setembro de 1885. Regula a extincção gradual do elemento servil. Disponível em: <http://legis.senado.gov.br/legislacao/ListaPublicacoes.action?id=66550>. Acesso em: 04.03.2019.

_____. Casa Civil. Lei 3.353, de 13 de maio de 1888. Declara extinta a escravidão no Brasil. Disponível em: <http://www.planalto.gov.br/ccivil_03/leis/LIM/LIM3353.htm>. Acesso em: 04.03.2019.

_____. Casa Civil. Lei n. 2.889 de, de 1 de outubro de 1956. Define e pune o crime de genocídio. Disponível em: <http://www.planalto.gov.br/ccivil_03/leis/L2889.htm>. Acesso em: 11.09.2019.

_____. Casa Civil. Lei n. 10.639, de 9 de janeiro de 2003. Altera a Lei n. 9.394, de 20 de dezembro de 1996, que estabelece as diretrizes e bases da educação nacional, para incluir no currículo oficial da Rede de Ensino a obrigatoriedade da temática "História e Cultura Afro-Brasileira", e dá outras providências. Disponível em: <http://www.planalto.gov.br/ccivil_03/leis/2003/l10.639.htm>. Acesso em: 09.09.2019.

_____. Casa Civil. Lei n. 11.645, de 10 de março de 2008. Altera a Lei n. 9.394, de 20 de dezembro de 1996, modificada pela Lei no. 10.639, de 9 de janeiro de 2003, que que estabelece as diretrizes e bases da educação nacional, para incluir no currículo oficial da rede de ensino a obrigatoriedade da temática "História e Cultura Afro-Brasileira e Indígena". Disponível em: <http://www.planalto.gov.br/ccivil_03/_ato2007-2010/2008/lei/l11645.htm>. Acesso em: 09.09.2019.

_____. Casa Civil. Lei n. 12.288, de 20 de julho de 2010. Institui o Estatuto da Igualdade Racial; altera as Leis nos. 7.716 de 5 de janeiro de1989, 9.029, de 13 de abril de 1995, 7.347, de 24 de julho de 1985, e 10778, de 24 de novembro de 2003. Disponível em: <http://www.planalto.gov.br/ccivil_03/_Ato2007-2010/2010/Lei/L12288.htm>. Acesso em: 09.09.2019.

_____. Casa Civil. Lei n. 12.403, de 4 de maio de 2011. Altera dispositivos do Decreto-Lei no. 3.689, de outubro de 1941 – Código do Processo Penal, relativos à prisão processual, fiança, liberdade provisória, demais medidas cautelares, e dá outras providências. Disponível em: <http://www.planalto.gov.br/ccivil_03/_Ato2011-2014/2011/Lei/L12403.htm>. Acesso em: 29.07.2019.

_____. Ministério da Justiça e Segurança Pública. Departamento Penitenciário Nacional Depen. *Base de Dados*. Disponível em: <http://depen.gov.br/DEPEN/depen/sisdepen/infopen/bases-de-dados/bases-de-dados>. Acesso em: 09.09.2019.

_____. Ministério da Justiça e Segurança Pública. Departamento Penitenciário Nacional Depen. *Infopen*. Disponível em: <http://depen.gov.br/DEPEN/depen/sisdepen/infopen/infopen>. Acesso em: 29.07.2019.

_____. Senado Federal. *Relatório Final – CPI Assassinato de Jovens*. 08 jun. 2016. Disponível em: <https://www12.senado.leg.br/noticias/arquivos/2016/06/08/veja-a-integra-do-relatorio-da-cpi-do-assassinato-de-jovens>. Acesso em: 29.07.2019.

BUENO, S.; LIMA, R. S. de. Um amontoado de corpos. *Portal de Notícias G1*. 19 abr. 2019. Disponível em: < https://g1.globo.com/monitor-da-violencia/noticia/2019/04/19/um-amontoado-de-corpos.ghtml>. Acesso em: 29.07.2019.

REFERÊNCIAS BIBLIOGRÁFICAS

CÂMARA Federal. *Relatório Final – Comissão Parlamentar de Inquérito – Homicídios de Jovens Negros e Pobres*. Brasília, 2015. Disponível em: <https://www.camara.leg.br/proposicoesWeb/prop_mostrarintegra?-codteor=1362450>. Acesso em: 11.09.2019.

CAMPOS, M. da S. *Pela metade*: as principais implicações da nova lei de drogas no sistema de justiça criminal em São Paulo. 2015. Tese (Doutorado em Sociologia) – Universidade de São Paulo, São Paulo, 2015. Disponível em: <http://www.teses.usp.br/teses/disponiveis/8/8132/tde-31072015-151308/pt-br.php>. Acesso em: 29.07.2019.

CARVALHO, R. Bolsonaro diz que quer dar carta branca para PM matar em serviço. *Portal UOL*. Política. 14 dez. 2017. Disponível em: <https://noticias.uol.com.br/politica/ultimas-noticias/2017/12/14/bolsonaro-diz-que-quer-dar-carta-branca-para-pm-matar-em-servico.htm> Acesso em: 09.09.2019.

CHARNY, I. W. A Classification of denials of Holocaust and others genocides. *Journal of Genocide Research*, vol. 5, n. 1, 2003, pp. 11-34.

COSTA, E. V. da. *A Abolição*. São Paulo: Global Ed., 1982

DAVIS, A, Y. *A Democracia da abolição*: para além do império das prisões e da tortura. Trad. Artur Teixeira Neves. Rio de Janeiro: DIFEL, 2009.

DELGADO, A. Por que Halle Bailey não pode interpretar a sereia Ariel? *Omelete*. 04 jul. 2019 Disponível em: <https://www.omelete.com.br/filmes/por-que-halle-bailey-nao-pode-interpretar-a-sereia-ariel>. Acesso em: 07.09.2019..

DIAS, C. N.; GONÇALVEZ, R. T. Apostar no encarceramento é investir na violência: a ação do Estado da produção do caos. *Portal de Notícias G1*. Monitor da Violência. 26 abr. 2019. Disponível em: <https://g1.globo.com/monitor-da-violencia/noticia/2019/04/26/apostar-no-encarceramento-e-investir-na-violencia-a-acao-do-estado-na-producao-do-caos.ghtml>. Acesso em: 29.07.2019.

DJOKIC, A. Colorismo: o que é, como funciona. 26 maio 2015. *GELEDÉS Instituto da Mulher Negra*. Disponível em: <https://www.geledes.org.br/colorismo-o-que-e-como-funciona/>. Acesso em: 06.09.2019.

ELTIS, D.; RICHARDSON, D. *Atlas of the Transatlantic slave trade*. New Haven: Yale University Press, 2010.

FABRETTI, H. B. *Segurança pública e cidadania*: fundamentos jurídicos para uma abordagem constitucional. São Paulo: Ed. Atlas, 2014.

FABRETTI, H. B.; SMANIO, P. *Direito Penal*. Parte Geral. São Paulo: Ed. Atlas, 2019.

_____. *Introdução ao Direito Penal*: criminologia, princípios e cidadania. São Paulo: Editora Atlas, 2012.

FERRI, E. *Princípios do Direito Criminal*: o criminoso e o crime. Trad. Paolo Capitanio. Campinas: Bookseller, 1996.

FLAUZINA, A. L. P. *Corpo negro caído no chão*: sistema penal e o projeto genocida do estado brasileiro. Rio de Janeiro: Contraponto, 2008.

FOUCAULT, Michel. *Vigiar e punir*: nascimento da prisão. Tradução de Raquel Ramalhete. 26. edição. Petrópolis: Vozes, 2002.

_____. *História da sexualidade I*: a vontade de saber. Trad. De Maria Thereza da Costa Albuquerque e J. A. Guilhon Albuquerque. Rio de Janeiro: Edições Graal, 1988.

FRANCO, M. *UPP – A redução da favela a três letras*: uma análise da política de Segurança Pública do Estado do Rio de Janeiro. 2014. Dissertação (Mestrado em Administração) – Universidade Federal Fluminense, Niterói, 2014. Disponível em: <https://app.uff.br/riuff/bitstream/1/2166/1/Marielle%20Franco.pdf>. Acesso em: 26.07.2019.

NÚMERO de pessoas mortas pela polícia de SP no semestre é o maior em 14 anos; mortes em folga são recorde. *Portal G1*. São Paulo. 27 jul. 2017. Disponível em: <https://g1.globo.com/sao-paulo/noticia/numero-de-pessoas-mortas-pela-policia-no-semestre-e-o-maior-em-14-anos-mortes-em-folga-sao-recorde.ghtml>. Acesso em: 25.07.2019.

GILROY, P. *O Atlântico negro*: modernidade e dupla consciência. São Paulo, Rio de Janeiro: 34; Universidade Cândido Mentes – Centro de Estudos Afro-Asiáticos, 2001.

GOMES, H. S. Brancos são maioria em empregos de elite e negros ocupam vagas sem qualificação. *Portal de Notícias G1*. 14 maio 2018. Disponível em: <https://g1.globo.com/economia/noticia/brancos-sao-maioria-em-empregos-de-elite-e-negros-ocupam-vagas-sem-qualificacao.ghtml>. Acesso em: 24.07.2019.

GORENDER, J. *O Escravismo colonial*. São Paulo: Fundação Perseu Abramo, 2011.

REFERÊNCIAS BIBLIOGRÁFICAS

GUIMARÃES, A. S. A. Depois da democracia racial. *Tempo Social*, São Paulo, vol. 18, n. 2, nov. 2006. Disponível em: <http://www.scielo.br/pdf/ts/v18n2/a14v18n2.pdf>. Acesso em: 29.07.2019.

HAJE, L. Número de deputados negros cresce quase 5%. *Portal da Câmara dos Deputados*. Disponível em: <https://www2.camara.leg.br/camaranoticias/noticias/POLITICA/564047-NUMERO-DE-DEPUTADOS-NEGROS-CRESCE-QUASE-5.html>. Acesso em: 24.07.2019.

HOLLOWAY, T. H. *Polícia no Rio de Janeiro*: repressão e resistência numa cidade do século XIX. Rio de Janeiro: Editora FGV, 1997.

HOLSTON, J. *Cidadania insurgente*: disjunções da democracia e da modernidade no Brasil. Trad. Claudio Carina. São Paulo: Companhia das Letras, 2013.

INSTITUTO Brasileiro de Geografia e Estatística (IBGE). População chega a 205,5 milhões, com menos brancos e mais pardos e pretos. *Agência IBGE*. Disponível em: <https://agenciadenoticias.ibge.gov.br/agencia-noticias/2012-agencia-de-noticias/noticias/18282-populacao-chega-a-205-5-milhoes-com-menos-brancos-e-mais-pardos-e-pretos>. Acesso em: 24.07.2019..

INSTITUTO de Pesquisa Econômica Avançada; Fórum Brasileiro de Segurança Pública (Org.). *Atlas da violência 2018*. Brasília: INSTITUTO de Pesquisa Econômica Avançada; Fórum Brasileiro de Segurança Pública. Disponível em: <http://www.ipea.gov.br/portal/images/stories/PDFs/relatorio_institucional/180604_atlas_da_violencia_2018.pdf<. Acesso em: 03.03.2019

_____. *Atlas da violência 2019*. Brasília: INSTITUTO de Pesquisa Econômica Avançada; Fórum Brasileiro de Segurança Pública. Disponível em: <http://www.ipea.gov.br/portal/images/stories/PDFs/relatorio_institucional/190605_atlas_da_violencia_2019.pdf>. Acesso em: 24.07.2019.

KASHIRA JUNIOR, C. O.; AKAMINE JUNIOR, O; MELLO, T. de (Org.). *Para a crítica do Direito*: reflexões sobre teorias e práticas jurídicas. São Paulo: Outras Expressões; Dobra Universitário, 2015. Disponível em: <https://grupodeestudosracismoecapitalismo.files.wordpress.com/2017/05/silvio-de-almeida-estado-direito-e-anc3a1lise-materialista-do-racismo.pdf>. Acesso em: 25.07.2019.

MANSO, B. P. Violência policial é a semente das milícias. *Portal de Notícias*

G1. 19 abr. 2019. Disponível em: <https://g1.globo.com/monitor-da-violencia/noticia/2019/04/19/violencia-policial-e-a-semente-das-milicias.ghtml>. Acesso em: 29.07.2019.

MBEMBE, Achille. *Necropolítica*. São Paulo: N-1 Edições, 2018.

_____. *Crítica da razão negra*. Lisboa: Editora Antígona, 2017.

MOREIRA, A. *Racismo recreativo*. São Paulo: Ed. Pólen Livros, 2019.

MORENO, A. C. Negros representam apenas 16% dos professores universitários. *Portal de Notícias G1*. 20 nov. 2018. Disponível em: <https://g1.globo.com/educacao/guia-de-carreiras/noticia/2018/11/20/negros-representam-apenas-16-dos-professores-universitarios.ghtml>. Acesso em: 24.07.2019.

MOURA, C. *Dialética radical do Brasil negro*. São Paulo: Fundação Maurício Grabois; Editora Anita Garibaldi, 2014.

_____. *Dicionário da escravidão negra no Brasil*. São Paulo: Editora da Universidade de São Paulo, 2004.

_____. *Rebeliões da senzala*. São Paulo: Livraria Editora Ciências Humanas,1981.

NASCIMENTO, Abdias. *O Genocídio do negro brasileiro*: processo de um racismo mascarado. São Paulo: Editora Perspectiva. 2016.

OLIVEIRA, D. Prefácio. In: MOURA, C. *Dialética radical do Brasil negro*. São Paulo: Fundação Maurício Grabois; Editora Anita Garibaldi, 2014, p. 17.

PAULUZE, T.; NOGUEIRA, I. Exército dispara 80 tiros em carro de família no Rio e mata músico. *Folha de São Paulo*, Cotidiano. 08 abr. 2019. Disponível em: <https://www1.folha.uol.com.br/cotidiano/2019/04/militares-do-exercito-matam-musico-em-abordagem-na-zona-oeste-do-rio.shtml>. Acesso em: 09.10.2019.

PENNAFORT, R. Policial terá supervisão para atirar para matar no Rio, diz Wilson Witzel. *O Estado de São Paulo*, Política. 1 nov. 2019. Disponível em: <https://politica.estadao.com.br/noticias/geral,policial-tera-supervisao-para-atirar-para-matar-no-rio-diz-wilson-witzel,70002579446>. Acesso em: 11.09. 2019.

PRESENÇA de negros avança pouco em cursos de ponta das universidades. *Folha de São Paulo*, Educação, São Paulo, 1 jul. 2019. Disponível em: <https://www1.folha.uol.com.br/educacao/2019/07/presenca-de-

REFERÊNCIAS BIBLIOGRÁFICAS

negros-avanca-pouco-em- cursos-de-ponta-das-universidades.shtml>. Acesso em: 24.07.2019.

PONTES, F. Resolução determina fim dos autos de resistência em registros policiais. *Agência Brasil*. Geral. 04 jan. 2016. Disponível em: <http://agenciabrasil.ebc.com.br/geral/noticia/2016-01/resolucao-determina-fim-dos-autos-de-resistencia-em-registros-policiais>. Acesso em: 29.07.2019.

REZENDE FILHO, C. de B.; CÂMARA NETO, I. De A. Evolução do conceito de cidadania. *Revista Ciências Humanas*, Taubaté, vol. 7. n. 2, 2001. Disponível em <https://docplayer.com.br/9195105-A-evolucao-do-conceito-de-cidadania.html>. Acesso em: 03.03.2019.

RIBEIRO, A. L. R. C. *Racismo Estrutural e Aquisição da Propriedade*: uma ilustração na cidade de São Paulo. São Paulo: Editora Contracorrente, 2020.

RODRIGUES, R. A partir de janeiro, polícia vai atirar para matar, afirma João Doria. *Folha de São Paulo*. Poder. 02 out. 2018. Disponível em: <https://www1.folha.uol.com.br/poder/2018/10/a-partir-de-janeiro-policia-vai-atirar-para-matar-afirma-joao-doria.shtml>. Acesso em: 11.09.2019.

SAMPAIO, T, G. *Segurança Pública e cidadania:* genocídio da juventude negra no Brasil. TCC. Faculdade de Direito. Universidade Presbiteriana Mackenzie. 2016. Disponível em: <http://dspace.mackenzie.br/handle/10899/17967>. Acesso em: 29.07.2019.

SANTOS, T. V. A. dos. *Racismo institucional e violação de direitos humanos no sistema de segurança pública*: um estudo a partir do Estatuto da Igualdade Racial. 2012. Dissertação (Mestrado em Direitos Humanos) – Universidade de São Paulo, São Paulo, 2012. Disponível em: <https://bdpi.usp.br/item/002316529>. Acesso em: 09.11.2019.

SÃO PAULO. Governo de São Paulo. *SP Notícias*. Disponível em: <http://www.saopaulo.sp.gov.br/acoes-governo/administracao-penitenciaria/>. Acesso em: 29.07.2019.

SCHWARCZ, L. M.; STARLING, H. M. *Brasil*: uma biografia. São Paulo: Companhia das Letras, 2015.

SENADO Federal. *Relatório final – CPI Assassinato de Jovens*. Brasília, 2016. Disponível em: <https://www12.senado.leg.br/noticias/arquivos/2016/06/08/veja-a-integra-do-relatorio-da-cpi-do-assassinato-de-jovens>. Acesso em: 11.09.2019.

SILVESTRE, G.; MELO, F. A. L de. Encarceramento em massa e a tragédia prisional brasileira. *Boletim Instituto Brasileiro de Ciências Criminais*. São Paulo, n. 293, abr. 2017. Disponível em: <https://www.ibccrim.org.br/boletim_artigo/5947-Encarceramento-em-massa-e-a-tragedia-prisional-brasileira>. Acesso em: 29.07.2019.

SINHORETTO, J. Reforma da justiça: gerindo conflitos numa sociedade rica e violenta. *Diálogos sobre Justiça*, Brasília, vol. 2, 2014, pp. 49-56.

SINHORETTO, J. SILVESTRE, G.; SCHUTTLER, M. C. *Desigualdade racial e segurança pública em São Paulo*: letalidade policial e prisões em flagrante. São Carlos: UFSCar, 2014. Disponível em: <http://www.ufscar.br/gevac/wp-content/uploads/Sum%C3%A1rio-Executivo_FINAL_01.04.2014.pdf>. Acesso em: 29.07.2019.

SOARES, Luiz Eduardo. *Desmilitarizar*. São Paulo: Boitempo, 2019.

STEVES, B. Delegado é para soltar: as ideias incendiárias de um policial pacifista. *Revista Piauí*, São Paulo, ed. 58, jul. 2011. Disponível em: <https://piaui.folha.uol.com.br/materia/delegado-e-pra-soltar/>. Acesso em: 09.09.2019.

TEIXEIRA, J. C. País tem superlotação e falta de controle dos presídios. *Agência Senado*. 24 jan. 2019. Disponível em: < https://www12.senado.leg.br/noticias/materias/2019/01/24/pais-tem-superlotacao-e-falta-de-controle-dos-presidios>. Acesso em: 09.09.2019.

UNITED Nations. United Nations Office on Genocide Prevention and the Responsibility to Protect. *Definitions*. Genocide. Background. Disponível em: <https://www.un.org/en/genocideprevention/genocide.shtml>. Acesso em: 11.09.2019.

_____. *Convention on the Prevention and Punishment of the Crime of Genocide*. Adopted by the General Assembly of United Nations on 9 December 1948. Disponível em: <https://treaties.un.org/doc/Publication/UNTS/Volume%2078/volume-78-I-1021-English.pdf>. Acesso em: 11.09.2019.

VELASCO, C.; CAESAR, G.; REIS, T. Número de pessoas mortas pela polícia no Brasil cresce 18% em 2018; assassinatos de policiais caem. *Portal de Notícias G1*. 19 abr. 2019. Disponível em: <https://g1.globo.com/monitor-da-violencia/noticia/2019/04/19/numero-de-pessoas-mortas-pela-policia-no-brasil-cresce-em-2018-assassinatos-de-policiais-caem.ghtml>. Acesso em: 24.07.2019.

VELASCO, C.; REIS, T. Com 355 encarceradas a cada 100 mil, Brasil tem taxa de aprisionamento superior a maioria dos países do mundo. *Portal de*

REFERÊNCIAS BIBLIOGRÁFICAS

Notícias G1. Monitor da Violência. Disponível em: <https://g1.globo.com/monitor-da-violencia/noticia/2019/04/28/com-335-pessoas-encarceradas-a-cada-100-mil-brasil-tem-taxa-de-aprisionamento-superior-a-maioria-dos-paises-do-mundo.ghtml>. Acesso em: 29.07.2019.

VELLOZO, J. C. ; ALMEIDA, S. L. de. O pacto de todos contra os escravos no Brasil imperial. *Revista Direito e Práxis*. Rio de Janeiro, vol. 10, n. 3, 2019. Disponível em: < https://www.e-publicacoes.uerj.br/index.php/revistaceaju/article/view/40640/30317>. Acesso em: 10.09.2019.

NOTAS

NOTAS

A Editora Contracorrente se preocupa com todos os detalhes de suas obras!
Aos curiosos, informamos que este livro foi impresso no mês de agosto de 2020,
em papel Pólen Soft 80g, pela Gráfica Copiart.